Shangri-La

ENTLANG DER TEESTRASSE VON CHINA NACH TIBET

FREDERKING & THALER

MICHAEL YAMASHITA:
SHANGRI-LA

TEXT VON
ELIZABETH BIBB

EINFÜHRUNGEN VON
MICHAEL YAMASHITA

Inhalt

Paradies gesucht

Alles begann im Jiuzhaigou, Chinas beliebtestem – und abgelegenstem – Nationalpark. Hier, im Norden der Provinz Sichuan, ergießt sich kristallklares Wasser von den Gletschern der Berggipfel in smaragdgrüne Seen, Tümpel, Bäche und Flüsschen, die Wasserfälle speisen und von üppiger Vegetation gesäumt sind. Der Legende nach entstanden die 118 Seen, als ein tibetischer Gott einer Göttin einen von Wolken und Wind polierten Spiegel schenkte. Sie ließ ihn fallen, und die Scherben verstreuten sich über den heutigen Jiuzhaigou. Dieser verwunschene, in den 1960er-Jahren von Holzfällern entdeckte Ort, dessen Name so viel bedeutet wie »Das Tal der neun Dörfer«, ist im Ausland so gut wie unbekannt. 90 Prozent der 20 000 Besucher am Tag sind Chinesen. Die Fotografen unter meinen chinesischen Freunden bezeichnen den Jiuzhaigou als den fotogensten Ort in ganz China.

Hier erfuhr ich zum ersten Mal von der alten Handelsroute, dem Chamagudao (der Tee-Pferde-Straße), die vor über 2500 Jahren entstand. Chinesische Händler tauschten in Tibet Tee gegen Pferde, die China brauchte, um sich gegen die Bedrohung durch berittene Mongolen zu verteidigen. Entlang dieses Wegenetzes entspann sich ein reger kultureller Austausch. Abgeschieden lebende Stämme übernahmen entlang der Gebirgspfade, die in die entlegensten Ecken des tibetischen Hochlands führten, Waren und Gebräuche. Noch immer windet sich ein Teil dieser Pfade durch den Jiuzhaigou.

Von diesem chinesischen Märchenland verzaubert und von den Geschichten fasziniert, schlug ich den Herausgebern vom *National Geographic*-Magazin, für das ich seit 32 Jahren arbeite, eine Reportage über den Jiuzhaigou vor. Vier wunderbare Wochen lang, verteilt auf drei Jahreszeiten, bestaunte ich die leuchtenden Farben um mich herum. Sie waren so strahlend, bisweilen grell, dass ich fürchtete, die Leser des Magazins könnten mir digitale Manipulation der Fotos vorwerfen. Der Jiuzhaigou entspricht meiner persönlichen Vorstellung vom Paradies, er ist im wahrsten Sinne des Wortes ein Shangri-La für jeden Fotografen. Die Bilder, die ich dort machte, weckten in mir den Wunsch nach weiteren Entdeckungen entlang der sagenumwobenen Handelsroute. Nachdem ich meine Geschichte fertiggestellt hatte (die im März 2009 im *National Geographic*-Magazin erschien), war ich bereit, dem Chamagudao weiter zu folgen, und daraus wurde eine zweijährige Suche nach weiteren verborgenen Shangri-Las (und erneut ein Beitrag für die Zeitschrift).

Bei vielen meiner Workshops und Vorträgen überall auf der Welt weise ich darauf hin, dass es die Aufgabe eines Fotografen und zugleich seine größte Herausforderung ist, ein Motiv auf eine nie dagewesene Art und Weise zu fotografieren. Vor jedem Einsatz recherchiere ich, lese jeden Artikel über das Thema und versuche, jedes Foto, das jemals von diesen Motiven aufgenommen wurde, aufzustö-

bern, um in jeder Hinsicht ein Experte für das Thema zu werden. Im Fall der Tee-Pferde-Route gab es jedoch kaum Material, lediglich ein paar aus dem Chinesischen übersetzte Bücher, alle ohne Fotos, und Websites, auf denen Touren abseits der ausgetretenen Pfade in und um »Groß-Tibet« angeboten werden – in den Provinzen Yunnan, Sichuan und Qinghai – und im Autonomen Gebiet Tibet.

Das Netzwerk, in dem sich Bergpässe, Straßen und Pfade in alle Himmelsrichtungen über dem vielgestaltigen Terrain verzweigen und die unterschiedlichen Kulturen verbinden, erschwerte es, einen »Aufhänger« zu finden. Gerade diese unerwartete Komplexität entwickelte sich bei meinem Plan, eine Geschichte über den Chamagudao zu schreiben, zu meiner größten Motivation. Das war genau die richtige Herausforderung für mich – ein Thema, das außerhalb Chinas so gut wie unbekannt ist, groß genug, um eine auf mindestens ein Jahr angelegte Reportage zu garantieren.

Ich plante, im Frühjahr 2008, nur wenige Monate vor den Olympischen Spielen in Peking, meine Reportage mit der ersten Teeernte in Ya'an in der Provinz Sichuan zu starten, dem Ausgangspunkt der nördlichen Route des Chamagudao. In China hätte die Stimmung nicht besser sein können. Dann kam es am 15. März, dem Jahrestag des tibetischen Aufstands von 1959 gegen die bewaffnete Besetzung durch die Chinesen, in Lhasa und Kham, westlich von Chengdu, zu Unruhen. Daraufhin sperrte die chinesische Regierung für Ausländer sämtliche Zufahrtswege nach Tibet. Deshalb verbrachte ich einen großen Teil des Jahres 2008 in China, machte Aufnahmen und kostete eine Menge Tee, während ich auf die Genehmigung für den Grenzübertritt nach Tibet wartete, um meine Reise entlang des Chamagudao anzutreten.

Nirgendwo kann man mehr über Tee erfahren als in China, denn er hat hier seine Heimat. Das ist eine kühne Feststellung angesichts der Tatsache, dass es so viele verschiedene Teesorten gibt, von der wachsenden Zahl der Anbaugebiete ganz zu schweigen. Doch man geht im Allgemeinen davon aus, dass die Wiege des Teegenusses in den tropischen Regionen im äußersten Süden der Provinz Yunnan liegt. Aufgrund seiner Hochlage, des Klimas und der Regenmenge ist dieses Gebiet für den Teeanbau ideal. Zum ersten Mal reiste ich Anfang der 1990er-Jahre hierher, als ich an einem Beitrag für *National Geographic* über den Mekong von seiner Quelle im tibetischen Hochland in der Provinz Qinghai bis zu seiner Mündung in Vietnam arbeitete. In der Stadt Pu'er, die in der Region Xishuangbanna in Yunnan liegt, machte ich Aufnahmen von der Ernte und Verarbeitung einer der teuersten Teesorten Chinas. In Hunderten von Aufnahmen dokumentierte ich die Verarbeitung, vom Sortieren und Trocknen bis hin zur Klassifizierung und Verpackung. Doch nur ein einziges Foto von einer Mutter und ihrer Tochter, die im Regen, geschützt von einer Plastikplane, Teeblätter zupfen, wurde veröffentlicht. Deshalb freute ich mich über die Chance, mich wieder mit diesem Thema befassen zu können. Schließlich machte Tee eine Hälfte des Chamagudao aus – der Tee-Pferde-Straße.

● **2–3** Buddhistische Nonnen im Kloster Shusong in Benzilan beim Studium alter Texte.

● **4–5** Tibetische Mädchen in Festtagskleidung, mit Türkis-, Korallen- und Silberschmuck.

● **6–7** Gebetsfahnen flattern vor dem türkisfarbenen Wasser des heiligen Sees Lhamo Lhatso.

● **8–9** Riesige Lastwagen wirken östlich von Dege auf dem Weg zum 5000 Meter hohen Trola-Pass wie Stecknadelköpfe.

● **10–11** Das über Shangri-La (ehemals Zhongdian) in der Provinz Yunnan aufragende Kloster Sumzanling diente möglicherweise als Inspiration für die Lamaserei in dem Buch *Der verlorene Horizont*.

● **12–13** Der Fotograf und Autor in Tibet.

● **14–15** Im Naturpark Jiuzhaigou im Nordwesten der Provinz Sichuan spiegeln sich Himmel und Dunst im Fünf-Blüten-See.

90°
95°
30°
25° N
QINGHAI-TIBET-BAHN
QINGHAI
NÖRDLICHE ROUTE
109
317
318
Baqen
Sog
Biru
Nagqu
Nag (Saluen)
Denggen
Namtso-See
Nubgang-Pass
17 756 ft
5412 m
Tsachuka
Lharigo
MITTLERE ROUTE
Nyenchen Tanglha-Gebirge
Shargang-Pass
17 651 ft
5380 m
Lhorong
Damxung
Tro-Pass
17 822 ft
5432 m
Banda-Pass
17 487 ft
5330 m
Gongbo'gyamda
DREPUNG
Lhasa
SÜDLICHE ROUTE
Namjagbarwa-Gipfel
25 446 ft
7756 m
Tsangpo
(Brahmaputra)
XIZANG (TIBET)
HIMALAYA
BHUTAN
von China beanspruchte Grenze
Brahmaputra

Die weitläufigen Routen der Chamagudao, des alten Tee-Pferde-Handelswegs

- TRIP 1 FRÜHJAHR 2008
- TRIP 2 HERBST 2008
- TRIP 3 SOMMER 2009
- TRIP 4 FRÜHJAHR 2011
- TRIP 5 HERBST 2011

)(Pass
+ Gipfel
Kloster

Wege nach Shangri-La

Von Elizabeth Bibb

Shangri-La war also wunderbar, mit jener Rätselhaftigkeit versehen, die aller Schönheit zugrunde liegt. – »Der verlorene Horizont« von James Hilton

Wenn man sich Shangri-La vorstellt, das von James Hilton in seinem Roman von 1933 erdachte Paradies auf Erden, ist »rätselhaft« die beste Charakterisierung. Obwohl Hiltons Zauberland, in dem Männer und Frauen ewig jung und in Harmonie leben, reine Fiktion ist, spekulieren seine Leser über die Inspiration für das verborgene Königreich. Die wahrscheinlichsten Plätze, die dafür infrage kommen, liegen hoch im Himalaya. Mit ihren vielen hundert zwischen nebelverhangenen Gipfeln, auf windgepeitschten Ebenen und in idyllischen Tälern gelegenen Lamasereien empfehlen sich Tibet und Westchina, voller Rätsel und Widersprüche, jedenfalls für diese Rolle. Die Schönheit und Abgeschiedenheit der Gegend, die vielschichtigen Rituale der einzigartigen Form des Buddhismus, die Robustheit der Menschen, die in schwindelerregenden Höhen leben – das alles trägt dazu bei. Es scheint ein Land fern aller unserer Zeitbegriffe zu sein, genau wie Hilton sein Shangri-La beschrieb.

So abgeschieden das tibetische Hochland auch ist, war es doch nicht immer vom Kontakt zur Außenwelt abgeschnitten. Mindestens seit dem 17. Jahrhundert, vielleicht schon viel länger, bestand ein kultureller Austausch zwischen Tibet und seinen Nachbarn. Grundlage dieser Kontakte war unter anderem ein sagenumwobener Handel, der sich zu einem für beide Seiten vorteilhaften wirtschaftlichen und kulturellen Berührungspunkt entwickelte.

Der Ursprung dieses Gebens und Nehmens ist *Camelia sinensis* – die Teepflanze, von der sämtliche Teeblätter verwertet werden –, sowohl in den Teewäldern von Yunnan als auch in den Teeplantagen von Sichuan im Westen Chinas. China gilt als Wiege der Teeproduktion. Den in den Bergen von Yunnan im halbtropischen Südwesten des Landes wild wachsenden Teepflanzen schrieb man zunächst Heilkräfte zu, und erkannte später, dass sie ein nahr- und schmackhaftes Getränk ergeben. Viele Legenden ranken sich um die Herkunft des Tees; so wird erzählt, dass dem chinesischen Kaiser ein Blatt von einem Teebaum in eine mit heißem Wasser gefüllte Tasse fiel. Dieser Kaiser, den das Resultat dieses Zufalls angenehm überraschte, soll Shennong gewesen sein, dem das *Ben Cao* zugeschrieben wird, das Buch der chinesischen Medizin. Während Tee zunächst zum Geschenk unter Adligen avancierte, mit dem man seine Anerkennung ausdrückte, und buddhistischen Mönchen half, die langen Stunden der Meditation durchzustehen, entwickelte er sich bald zur Ware; er wurde sogar als eine Art Währung genutzt. Wie die getrockneten Blätter ihren Weg ins abgelegene Tibet fanden, wo der Anbau unmöglich war, ist unbekannt. Die Folklore weiß von Wen Cheng, einer chinesischen Prinzessin, die dem tibetischen König Songtsen Gampo versprochen war. Unter den vielen Geschenken und Gütern, die sie aus China mitbrachte, zählte neben einer Statue des Shakyamuni Buddha auch Tee zu den wertvollsten Dingen.

In Tibet jedenfalls entwickelte er sich zu einem wichtigeren Grundnahrungsmittel als in China. Aufgrund des rauen Klimas ist Landwirtschaft nur sehr begrenzt möglich. Die Einheimischen ernähren sich fast nur von Proteinen und Fetten, kaum von Gemüse. Abgesehen davon, dass Tee wärmt und schmeckt, liefert er den Tibetern darüber hinaus dringend benötigte Nährstoffe. Für einen Tibeter ist Tee Nahrungsmittel und Getränk. Mit Yakbutter oder aus Gerste hergestelltem *tsampa* gemischt, bereichert das Getränk den kargen Speiseplan. Das enthaltene Koffein hält nicht nur während der Meditation wach, sondern macht auch süchtig.

Die allgemeine Verbreitung des Teetrinkens in Tibet und die darauf aufgebauten Handelsbeziehungen trugen dazu bei, ein Dauerproblem der Chinesen zu lösen. Zur Zeit der Song-Dynastie (960–1279) wandte man sich an die Tibeter, um kräftige und trittsichere Pferde zu bekommen, die dem Wetter und der Topografie im Himalaya standhalten und der chinesischen Armee helfen konnten, die Grenzen zu verteidigen.

Dieser Austausch von Tee gegen Pferde führte zur Entstehung des Chamagudao, eines 3000 Kilometer langen Netzes von Wegen und Pfaden über Gebirgspässe, über das Karawanen und Trägergruppen zwischen China und Tibet hin und her pendelten. Diese Tradition wurde bis ins 20. Jahrhundert fortgeführt. Der Chamagudao, häufig fälschlicherweise als südliche Seidenstraße bezeichnet, war für den wirtschaftlichen und den kulturellen Austausch ebenso wichtig wie die berühmte Handelsroute selbst. Um die Mitte der Song-Dynastie überquerten jährlich sage und schreibe 25 000 Pferde die Berge zwischen Tibet und China. Fast während der ganzen zweiten Hälfte des 11. Jahrhunderts wurden jährlich bis zu 6,5 Millionen Pfund Tee über die 1400 Kilometer lange Strecke vom Südwesten Sichuans nach Tibet transportiert. Und im Jahr 1074 wurde die Sichuan-Tee- Pferde-Behörde gegründet, um den Handel zu fördern, zu überwachen und zu besteuern.

Der Chamagudao bestand aus zwei Hauptrouten: einer nördlichen, die von Ya'an in der Provinz Sichuan über Gandze und Dege verlief, und einer südlicheren. Am Ende führten alle Pfade nach Lhasa, dem wirtschaftlichen und spirituellen Zentrum Tibets, wo sich Händler, Pilger und Anhänger des Lamaismus begegneten, beteten, Tee tranken und Geschäfte machten.

Ungeachtet der tibetischen Pferde besiegten die Mongolen am Ende die Song, doch der Tee-Pferde-Handel florierte auch während der Dynastien der Ming (1368–1644) und der Qing

(1644–1911). Während der Qing-Dynastie wurden jährlich 13,6 Millionen Pfund Tee nach Tibet transportiert, 90 Prozent der Ernte von Sichuan.

Erstens, der beste Tee Chinas,
Zweitens, die reine Yakbutter Tibets,
Drittens, das weiße Salz der Ebenen im Norden.
Das alles von drei verschiedenen Orten, und vermischt im Kupfertopf.
Doch wie der Tee zubereitet wird, das liegt bei Euch, oh Teekocher.

(Jamyang Norbu, Tibetische Krieger)

Die Tibeter bevorzugten einen Tee, der Nährstoffe lieferte, die in ihrem Speiseplan fehlten und zu ihren Grundnahrungsmitteln wie Yakbutter, Fleisch und Gerste passte. Der für Tibet bestimmte Tee war unter den Namen »Grenz-« oder »Ziegeltee« bekannt (wegen der Art und Weise, wie er für den Transport gepresst wurde). Er wurde in der Provinz Sichuan angebaut, doch auch aus Yunnan, wo hohe Teebäume wild wachsen, wurde Tee exportiert.

Der »Ziegeltee«, der Blätter, aber auch Zweige und Stiele enthält, wurde gedämpft oder geröstet, in Ziegelform gepresst und abgelagert. Das machte ihn haltbar und auf der langen Reise über die Berge transportierbar. Die Teeziegel wurden in lange, schmale Bambusrohre (bao) gepackt und Trägern oder Maultieren aufgeladen. Weil die Träger nach dem Gewicht ihrer Last bezahlt wurden, versuchten sie, möglichst viele bao zu tragen. Die stärksten Träger konnten bis zu 15 oder mehr bao schleppen (was einem Gewicht von 400 Pfund entspricht).

In der Nähe von Ya'an steht eine lebensgroße Statue zu Ehren dieser Männer, die sich zu der häufig tödlichen Plackerei über die Berge aufmachten, um den Tee nach Tibet zu schaffen. Nur eine Handvoll Männer sind noch am Leben, die über ihre Abenteuer berichten können. Ihre Karawanen kämpften mit schlechtem Wetter und dünner Höhenluft, aber auch mit Räubern und Banditen, schroffen Abhängen und schmalen Pfaden hoch über steilen Schluchten, auf denen ein falscher Schritt den sicheren Tod bedeutete.

Da die Nachfrage nach Tee und Pferden wuchs, entwickelten sich die Klöster, die das spirituelle und kulturelle Herz Tibets darstellten, zu wichtigen Handelszentren. Viele unterhielten riesige Karawanen, da Mönchen ein sicheres Vorwärtskommen entlang der Route garantiert war. Zu allen Zeiten war den Tibetern nur der Buddhismus noch wichtiger gewesen als Tee, und es war zum größten Teil auf den Teehandel zurückzuführen, dass die Klöster ihre Macht und ihren Wohlstand steigerten. Diese Vermengung von Kommerz und Spiritualität kann man noch heute beobachten, wenn die Pilger den Pfaden des Tee-Pferde-Netzwerks folgen und heilige Berge und Tempel umrunden.

Obwohl die Nachfrage nach Pferden im Laufe der Zeit nachließ, entwickelte sich der Handel zwischen Tibet und China weiter, wobei der »Ziegeltee« bis zur Mitte des 20. Jahrhunderts als eine Art Währung genutzt wurde. Schnellstraßen haben das unübersichtliche Netz von Wegen und Pässen abgelöst, das die Karawanen früherer Zeiten über die Berge führte. Und eine andere Ware, nach der China lechzt, hat den Handel mit Pferden ersetzt – der *yartsa gunbu*. Die Entdeckung der verblüffenden gesundheitlichen Wirkungen dieses seltsamen parasitären Pilzes, der dadurch wächst, dass er seine Wirtsraupe verzehrt, ließ in Zelten lebende Nomaden auf einmal zu Reichtum gelangen. Doch Tee bleibt ein wichtiges Importgut. Die Tibeter trinken mehr Tee als jedes andere Volk der Erde, und sie brauchen ihn nicht nur, um ihren Durst zu löschen. Er ist eine Art sozialer Kitt zwischen Familien, Gemeinden und Gästen, aber auch ein wesentlicher Bestandteil der Riten und Traditionen des tibetischen Buddhismus.

So wie Shangri-La eine Vorstellung ist, kein realer Ort, so ist auch die gewundene Tee-Pferde-Straße eine Idee. Der Chamagudao war nicht nur eine einst sehr frequentierte Handelsroute, von der heute gepflasterte Überreste geblieben sind, sondern lenkte den Blick der Welt auf das rätselhafte Tibet und brachte die Welt dorthin. Die Route, die durch einige der schönsten, aber auch gefährlichsten Landschaften der Welt führt, wird immer eine größere Bedeutung haben als nur die des Geschäftlichen. Sie lockte Reisende mit weltlichen Reichtümern, doch für jene, die bereit waren, sie zu sehen, sah sie auch himmlische Schätze vor. Der Chamagudao ist wie die mystische »Sky Road«, die in Shambhala beginnt (dem Sanskrit-Namen für das verborgene Utopia, das Hilton sich erdachte). Er verkörpert die Widersprüche, die man noch heute in dieser Region der Erde sieht, in der das Weltliche in einem ständigen Austausch mit dem Spirituellen steht, und er führt jene, die ihn auf ihrer eigenen Suche nach Shangri-La bereisen, zum Ziel.

● 16–17 Die Pearl Shoal-Wasserfälle stürzen 21 Meter tief in kleine Seen, die wie an einer Perlenkette aufgereiht sind.

● 24–25 Als Krieger kostümierte Mönche spielen beim Fest für Ling Gesar, den Begründer Tibets, Schlachten nach.

● 26–27 Ein Kessel mit dampfendem Yakbuttertee für 800 Mönche im Kloster Shechen.

● 28–29 Beim 18-tägigen religiösen Fest in Bame entzünden Gläubige zu Ehren des lebenden Buddhas Yakbutterlampen.

Der Tee Chinas

Kapitel 1

Der Tee Chinas

Kapitel eins

Xishuangbanna gilt als Geburtsort des Tees. Die Legende will, dass der Kaiser Shennong, ein geschätzter Gelehrter und Kräuterkenner, im Jahr 2737 v. Chr. den Teegenuss entdeckte, als ein Teeblatt in seine mit heißem Wasser gefüllte Tasse fiel. Das war der Grund, wieso ich, als ich dort ankam, den Nan Luo Shan bestieg, einen der sechs berühmten Berge der Region, an dessen Hängen angeblich die besten Teesorten gedeihen. Der Nan Luo Shan ist bekannt für seine Urwälder aus wilden Teebäumen, und ich suchte nach einem bestimmten Baum, der über 1200 Jahre alt sein soll. Der »König der Teebäume« entpuppte sich als nicht sonderlich eindrucksvoll. Gut neun Meter hoch, hatte er die besten Jahre längst hinter sich und wurde nicht mehr abgeerntet. Hinter dem schützenden Zaun sah er wie ein alter Apfelbaum aus. Alles andere als beeindruckt, machte ich mich auf die Suche nach einem besseren Motiv. Ich fand einen Baum, zwar jünger (800 Jahre alt) und kleiner (nur gut sechs Meter hoch), aber Frauen der Volksgruppe der Dai waren in seine höchsten Äste geklettert, um die jungen Frühlingsblätter zu pflücken.

Das Teepflücken gilt als Arbeit für Frauen, da sie leichter sind und angeblich besser klettern können als Männer. Der Anblick der mit leuchtend bunten Gewändern bekleideten Frauen, die hoch oben in einem uralten Baum Teeblätter pflücken und in Bambuskörbe legen, hat gar nichts mit den perfekt getrimmten Teehecken zu tun, die den Teeanbau heute ausmachen. Würde man sie nicht mehr schneiden, würden auch sie irgendwann zu Bäumen heranwachsen.

Damals war ich, trotz häufiger Aufenthalte in China, noch kein überzeugter Teetrinker, obwohl die Tasse Tee zu fast jeder sozialen Zusammenkunft gehört. Ein starker Espresso war mir lieber. Die ritualisierte Teezeremonie Japans hielt ich für die höchste Stufe der Teekultur. Doch hier fand ich heraus, dass Chinesen über zu feinem Pulver gemahlenen Tee die Nase rümpfen.

Mit Yan Yi Di, einem Angehörigen der Volksgruppe der Dai, saß ich auf der auf Pfählen errichteten Veranda seines Hauses, schlürfte grünen Tee, aufgebrüht aus frisch gepflückten, getrockneten und gerollten Teeblättern, die in einem Glas aufbewahrt wurden und als die beste Ernte des Jahres galten. Fasziniert beobachtete ich, wie die Teeblätter in dem heißen Wasser auf und ab trieben und sich langsam zu ihrer ganzen Größe entrollten. Dann weihte Yan mich in die gong fu-Zeremonie des Tees von Pu'er ein. Während die meisten Menschen im Westen gong fu beziehungsweise kung fu mit chinesischer Kampfkunst verbinden, bezieht sich der Begriff genau genommen auf jede Fähigkeit, die man sich mit viel Training und Anstrengung aneignet.

Yan war eindeutig ein Meister; er begann damit, dass er heißes Wasser in eine kleine Teekanne aus Ton und zwei winzige Porzellantassen, nicht größer als Schnapsgläschen, goss, um sie zu erwärmen. Danach fügte er eine kleine Prise Teeschnitt von einem Stück scheibenförmig gepresstem Tee in die Kanne und goss noch mehr Wasser darüber, um die Blätter zu reinigen. Dann schüttete er das Wasser weg. Mehrere Aufgüsse und mehrmaliges Wegschütten folgten, bis Yan mir schließlich das erste Tässchen mit der dunkel-bernsteinfarbenen Flüssigkeit reichte. Drei oder vier weitere Aufgüsse und Kostproben der ursprünglichen Sorte, schließlich Aufgüsse und Kostproben verschiedener anderer Blattsorten (so viele, dass ich mit dem Zählen nicht mehr hinterherkam) schlossen sich an. Jede Tasse schmeckte anders, je nach Alter und Art des Baumes und Blattes. Beim gong fu sollen alle Sinne angesprochen werden. Nach zahllosen Kostproben arbeiteten meine Sinne auf Hochtouren, meine Pupillen waren vom Koffein geweitet, und ich fand bis tief in die Nacht keinen Schlaf, doch ich hatte eine neue Wertschätzung für das Getränk gefunden … ich war süchtig geworden.

Xishuangbanna mag der Geburtsort des Tees sein, aber in Ya'an, in der Provinz Sichuan, wurde der erste Teestrauch vor über 3000 Jahren gepflanzt und gehegt. Hier war auch der Ausgangspunkt der zweiten Hauptstrecke des Chamagudao, heute als Route 317 bekannt – die Sichuan-Tibet-Straße. Zwar wurde der Tee wahrscheinlich durch den Buddhismus als koffeinhaltiges Mittel für die stundenlange Meditation nach Tibet eingeführt, doch er diente auch der Ernährung. Das raue Klima und zerklüftete Terrain in Tibet erschwerten die Landwirtschaft. Infolgedessen bestand der tibetische Speiseplan hauptsächlich aus Proteinen und Fetten – Fleisch, Milch, Käse und Yakbutter. Dank seiner Vitamine und Mineralien entwickelte sich der Tee zu einer unverzichtbaren Nahrungsergänzung. Der »Ziegel«-Tee aus Ya'an, im Geschmack stärker als der teurere Pu-Erh-Tee aus Yunnan, passt angeblich besser zur Bitterkeit der Yakbutter, mit der er gewöhnlich vermischt wird. Im Jahr 1047, während des Song-Reiches, wurde in Ya'an die Tee-und-Pferde-Behörde zur Überwachung des schwunghaften wechselseitigen Handels eingerichtet. Und obwohl China heutzutage wenig Bedarf an tibetischen Pferden hat, bleiben die Tibeter die größten Teetrinker der Welt. Jeder Tibeter trinkt täglich 30 bis 40 Tassen und hat einen Jahresverbrauch von bis zu 10 Kilogramm Tee. Der in Ya'an angepflanzte Tee macht noch immer 90 Prozent der nach Tibet exportierten Menge aus.

Im Kreis Mingshan der bezirksfreien Stadt Ya'an werden die Plantagen als Teegärten bezeichnet. Sie sind ebenso sorgfältig geplant und gestaltet wie ein japanischer Garten – mit Pavillons und Wegen, um die reizvollsten Stellen in Szene zu setzen. Touristen pilgern hierher – des Landschaftsbilds ebenso wie des berühmten Tees wegen. Die Stadt ist auch Sitz der einzigen Teefabrik in tibetischem Besitz und unter tibetischer Leitung, und der Tee wird gemäß einer tausend Jahre alten traditionellen Methode verpackt. In der Namse Tibetan Tea Factory werden grob geschnittene Teeblätter samt Zweigchen und Stielen geröstet und dann in noch heißem Zustand in längliche Bambuskörbchen gepresst. Der aus Ya'an stammende und wegen seiner Form als »Ziegeltee« bezeichnete Tee wurde über den Chamagudao bis nach Lhasa und weit darüber hinaus transportiert, überall dahin, wo Tibeter und die tibetische Kultur zu finden waren.

● **34-35** Terrassen mit Teepflanzen auf der grössten Plantage in Xishuangbanna, Provinz Yunnan, dem bedeutendsten Anbaugebiet des berühmten Pu-Erh-Tees.

36-37 Teepflückerinnen in den Pflanzenreihen einer der drei grössten Plantagen von Ya'an, in der Provinz Sichuan, dem Ausgangspunkt der nördlichen Tee-Pferde-Strasse.

● **38–39** In Xishuangbanna, in der Provinz Yunnan, gibt es wild wachsende hohe Teebäume, und hier balanciert ein furchtloser Teepflücker auf den Ästen eines 1000 Jahre alten Exemplars. Es gilt die Faustregel: Je höher der Baum, desto teurer die Blätter.

布实施
寺登街管委会

● **40-41** Shaxi in der Provinz Yunnan, Heimat der Volksgruppe der Bai, ist eine der am besten erhaltenen Karawanenstädte am Chamagudao mit einem Gebäude der ehemaligen Teebehörde und vielen Teegeschäften.

● **41** Im Dorf Yiwu in der Provinz Yunnan spielen Kinder auf den Überresten der alten südlichen, nicht weit von hier beginnenden Tee-Pferde-Strasse.

● **42–43** Ein Mann treibt seine Sau und ihre Ferkel auf der gleichen Strasse durch Shaxi zum Markt, auf der schon vor Jahrhunderten die Tee- und Pferdehändler unterwegs waren.

● **44–45** Zeit zum Spielen: Alte Männer beugen sich in Shaxi, Yunnan, auf dem Marktplatz konzentriert über ihre Brettspiele und Mah-Jongg-Steine.

大衆樂園
松鶴延年天地
老街上金榜
古庙添秀氣
近水遥山皆有情

己为耻，
义为耻
時逢盛世百
业興全村协
力办好事完
善古庙添屋
宇景物宜人
焕然新

年年有余

● **46–47** Zeit zum Arbeiten: Unweit von Dali, einem bedeutenden Haltepunkt an der Tee-Pferde-Strasse, binden Mann und Frau im Wohnzimmer ihres Hauses das Stroh der Mungbohnen.

● **48–49** Bauern dreschen vor den verwitterten Mauern von Dali ihre Mungbohnenernte. Die Tee-Pferde-Strasse verlief durch dieses seit 1000 Jahren unveränderte malerische Dorf hoch in den Bergen.

● **50–51** In Yiwu trocknen vor der ältesten Teefabrik Yunnans Teeblätter in der Sonne. Der unter dem Namen Pu-Erh bekannte, erdig schmeckende Schwarztee stammt aus dieser Gegend im Südwesten Chinas.

● **52–53** Pu-Erh-Tee wird wie seit Jahrhunderten gedämpft und zu flachen Fladen gepresst. Hier, in der Bao Pu Shan-Fabrik in Yiwu, wird seit sieben Generationen Tee der besten Qualität hergestellt.

● **54** Verpackung des Pu-Erh-Tees in Menghai für den Transport – sieben Fladen werden in ein junges Bambusblatt eingerollt. Pferde und Maultiere trugen einst vier Körbe mit jeweils sechs dieser Packstücke.

● **54–55** In der Riu Xiang-Teefabrik in Menghai, Yunnan, verpacken Arbeiter Pu-Erh-Teefladen in Papier.

和
怡

56–57 In einem Geschäft in Pu'er führt eine Teemeisterin die kunstvolle *Gong-Fu*-Teezeremonie durch.

Berge und Klöster

Kapitel 2

Berge und Klöster

Kapitel zwei

Die Sichuan-Tibet Fernstraße (Route 317) führt etwa 2400 Kilometer von Ya'an nach Lhasa. Der Reiseführer *Lonely Planet* beschreibt sie als eine der »höchsten, wildesten, gefährlichsten und schönsten Straßen der Welt«. Erst im Spätherbst 2008 bot sich mir die Gelegenheit, diesen Abschnitt des Chamagudao zu befahren. Aufgrund der Unruhen im Gebiet von Groß-Tibet, einschließlich der Grenzregionen der Provinzen Gansu, Sichuan, Qinghai und Yunnan, war seit März 2008 der Zugang für Ausländer versperrt. Doch in Kham, dem Gebiet am östlichen Rand Tibets, das sich in die Provinz Sichuan erstreckt, war es relativ ruhig geblieben, sodass die chinesische Regierung im November begann, Ausländern den Zutritt wieder zu genehmigen. Ich ergriff die Gelegenheit sofort beim Schopf.

Die Route 317 führt über 28 Bergpässe. Als wir den 4298 Meter hohen Zheduo-Pass, das Tor zum tibetischen Hochland, überquerten, war ich froh, einen erstklassigen Fahrer, Huka, engagiert zu haben. Trotz seiner schmächtigen Gestalt und seiner jungenhaften Gesichtszüge besitzt er eine körperliche Zähigkeit und eine unglaubliche Konzentrationsfähigkeit, sodass er stundenlang fahren kann, ohne einzuschlafen. Er ist der Meister hinter dem Steuer seines Geländewagens. Huka nippt ständig Tee aus einer Thermosflasche, die er bei jedem Halt mit heißem Wasser auffüllt. Er hat längere Arbeitstage als ich, vom Aufwärmen des Autos vor Sonnenaufgang für unsere Abfahrt bis zum Entladen bei unserer Unterkunft für die Nacht. Huka ist wie besessen auf Sicherheit bedacht, weil auf der Tee-Pferde-Straße jede Menge Gefahren lauern. Von uneinsehbaren Straßenbiegungen bis zu schwindelerregenden Haarnadelkurven; vereisten oder völlig verschlammten Straßen; dichtem Nebel und hohem Schnee; von rücksichtslosen Lastwagenfahrern, die die ganze Straße für sich reklamieren, bis hin zu ausgestreckt auf dem Boden liegenden Pilgern, die überhaupt nicht auf den Verkehr achten – nichts bringt Huka aus der Fassung.

Oben auf dem Zheduo Pass hielten wir an und atmeten die kalte, klare, dünne Bergluft ein und akklimatisierten uns in der großen Höhe. Auf den steilen Bergpässen des Chamagudao lauern die größten Gefahren auf die Reisenden, da es in diesen Höhen jederzeit schneien kann. Im Tal ist Sommer, doch in über 4000 Metern Höhe kann das Wetter innerhalb von Minuten umschlagen. Wohl dem, der warme Kleidung hat, um sich schnell umzuziehen.

Kein Wunder, dass alle Pässe auf tibetischem Gebiet mit Gebetsfahnen geschmückt sind, und wie es dem ersten auf das tibetische Hochplateau führenden Pass geziemt, steht am

Zheduo oben auf dem Berg ein Pavillon im chinesischen Stil, behängt mit Gebetsfahnen, die mehr als 100 Meter über der Straße heftig im Wind flatterten. Diese im Tibetischen als *dar cho* bezeichneten Stoffstücke in allen Regenbogenfarben, mit Gebeten oder Mantras bedruckt, sind Opfergaben für die Götter und Geschenke für die Berge und sollen den Reisenden Glück bringen. Und da der Wind in alle Richtungen bläst, werden die Gebete über alle Landesteile getragen. An diesem Tag wehte der Wind besonders stark. Beim Aufstieg raste das Herz, legte eine kurze Pause ein, raste dann weiter – unser erster Tag in großer Höhe. Als wir oben ankamen, wurden wir mit einer atemberaubenden Aussicht belohnt.

Gemächlich dahinziehende Wolken hingen tief über dem Tal und verhüllten den Verkehr auf den mehr als 60 Serpentinen unter uns. Nur Scheinwerfer oder rote Rückleuchten drangen gelegentlich durch den Nebel. Der starke Wind, die vor Kälte steifen Finger und das heftig pochende Herz erschwerten es, eine scharfe Aufnahme zu machen, während ich darum kämpfte, meine Atmung wieder unter Kontrolle zu bringen. Ein Stativ wäre nützlich gewesen, aber ich brachte es nicht über mich, zurückzugehen und es aus dem Auto zu holen. Ich stemmte mich gegen die massiven Pfosten des Pavillons, machte schnell meine Fotos und stieg den Berg wieder hinunter, während die Sonne verblasste.

Das Wetter entlang des Chamagudao mag unvorhersagbar sein, aber die Baustellen halten noch mehr auf. Der Verkehr kann jederzeit für Stunden oder gar Tage wegen schlechter Straßenverhältnisse gestoppt werden, wegen liegengebliebener Fahrzeuge oder der Launen eines Straßenmeisters, der einen Felsen wegsprengen oder eine Brücke bauen muss. Das bedeutete, dass wir an den meisten Tagen weniger als 32 Kilometer pro Stunde zurücklegten. So war es auch auf der Straße nach Bame, wo wir ein religiöses Fest in einem kleinen Kloster unweit der Straße fotografieren wollten, dessen Vorsteher ein Lebender Buddha ist, Longdo Rinpoche.

Als wir wegen der Straßenbaustellen mit einem Tag Verspätung ankamen, war ich über die vielen gläubigen Han-Chinesen aller Altersgruppen erstaunt, die zwischen den Tibetern und den rotgewandeten buddhistischen Mönchen saßen und alle aufmerksam der Rede des Rinpoche lauschten. Kinder, Ziegen und Hunde liefen zwischen den Gruppen der Gläubigen hin und her. Nicht einmal ein Regenguss vertrieb diese Pilger, die wie auf Kommando Regenschirme zückten. Über allem hing der beißende Geruch von Yakbutter, da mitten auf dem Geviert ein riesiger Kessel Butteröl für Tausende von Votivlampen köchelte, die in dem fensterlosen verqualmten Raum zu Ehren des Rinpoche entzündet wurden. Tibetische Frauen hatten Thermoskannen mit heißem Tee und Yakbutter gefüllt und verteilten sie.

Buttertee ist das tibetische Nationalgetränk, doch der salzige, fettige und manchmal ranzige Geruch ist äußerst gewöhnungsbedürftig. Das Getränk ist nicht das, was man in unseren Breiten unter Tee versteht, und wird aus »Ziegel«-Tee zubereitet, der stundenlang kocht, mit Salz und Yakbutter versetzt und schaumig gerührt wird. Der kalorienreiche Tee liefert die Wärme und Energie, die man zum Überleben in den großen Höhen Tibets braucht. Man besucht keinen Tibeter in seinem Haus, Zelt, Kloster oder bei irgendeinem Anlass, ohne zum Tee eingeladen zu werden. Drei Tassen sind das Minimum, wobei die Gastgeber darauf achten, dass die Tasse nie mehr als halb leer wird.

Mittlerweile habe ich mich daran gewöhnt, allerdings bevorzuge ich frische Yakbutter. Ich trinke ihn häufig, genau wie die Tibeter, als Energiezufuhr und um gegen die kalten Außentemperaturen gewappnet zu sein. Und da es bei meiner Geschichte um Tee ging, nutzte ich jede Gelegenheit, bei der er getrunken wurde, um Fotos zu machen.

Nach kurzer Zeit kam die Sonne heraus, und ein doppelter Regenbogen stand über einem Feld von *chörten* (Stupas). Als ich am Abend in einem Gästehaus in einem gemütlichen bunt gestrichenen Zimmer meine Fotos zählte, mit Untertiteln versah und die Bilder von meinen Speicherkarten herunterlud, war ich noch immer ergriffen von der Szenerie des Tages.

● **61** Der Zheduo-Pass, mit seinen 4298 Metern Höhe, ist das Tor von Westchina nach Tibet. Er wurde früher von Maultier- und Pferdekarawanen überquert, doch heutzutage kämpfen sich Lastwagen auf dem Weg nach Kanding durch den Nebel.

● **63** Bunte Stupas (in Tibet Chörten genannt) stehen in Bame in der Provinz Sichuan Habacht, als hätten sie vor dem plötzlich erscheinenden doppelten Regenbogen über ihnen grossen Respekt.

● **64–65** Von Pilgern in der Hoffnung auf eine sichere Reise angebrachte Gebetsfahnen flattern auf dem Zheduo-Pass hoch über dem von Nebel erfüllten Tal.

● **66–67** Das 18-tägige Fest in Bame zu Ehren eines lebenden Buddhas, Longdo Rinpoche, lockt fromme Pilger aus ganz Tibet an, die seinen Ansprachen lauschen wollen.

● **68–69** Danba mit seinen etwas abgesetzt stehenden, markanten Wachtürmen wurde zum schönsten Dorf Chinas gewählt. Es ist für seine traditionelle tibetische Architektur berühmt.

● **70–71** Eine Bauernfamilie macht eine Teepause, bevor sie sich wieder der Gerstenernte zuwendet. Gerste wird mit Yakbuttertee vermischt und ergibt den Tsampa, ein Grundnahrungsmittel im tibetischen Speiseplan.

● **72–73** Ein Traktor fährt in Danba, bekannt als »Reich der Wachtürme« und »Tal der Schönheit«, mit zahlreichen Passagieren an der festungsartigen Bebauung vorbei.

● **74–75** Kinder blicken aus kunstvoll verzierten Fenstern, typisch für die langsam verschwindende, traditionelle tibetische Architektur.

● 76-77 Traktoren haben die Pferde abgelöst –
auf dem Weg nach Segyagu in der Provinz Sichuan.
Oben: An einem Pfahl trocknen Chilischoten und Mais.

● 78-79 Drei Generationen einer Familie leben im Dorf Langma unter einem Dach und trinken zusammen den allgegenwärtigen Yakbuttertee.

● 80-81 Das abgeschiedene Kloster in Litang, auf über 4000 Metern eine der höchst gelegenen Städte der Erde, wurde 1580 gegründet und ist eines der grössten in Kham.

● 82 Im Kloster Garthar bereitet ein Mönch einen Topf mit dampfendem Yakbuttertee zu.

● 83 Im Kloster Garthar verbringen junge Mönche den grössten Teil des Tages sowohl im Kloster als auch im Freien mit dem Studium buddhistischer Schriften.

● 84–85 Einheimische, die zu einem Fest ins Kloster Garthar eingeladen wurden, bei den verschiedenen Phasen der sehr ritualisierten Niederwerfung. Sie wird *Chak Tsal* genannt, was so viel bedeutet wie »sauber fegen«.

● 86–87 Frauen aus einem nahen Dorf nehmen im Schein von Yakbutterlampen an den Feierlichkeiten im Kloster Garthar teil, indem sie die *Chak Tsal*-Niederwerfung machen sowie Gebetsmühlen und Gebetsperlen drehen.

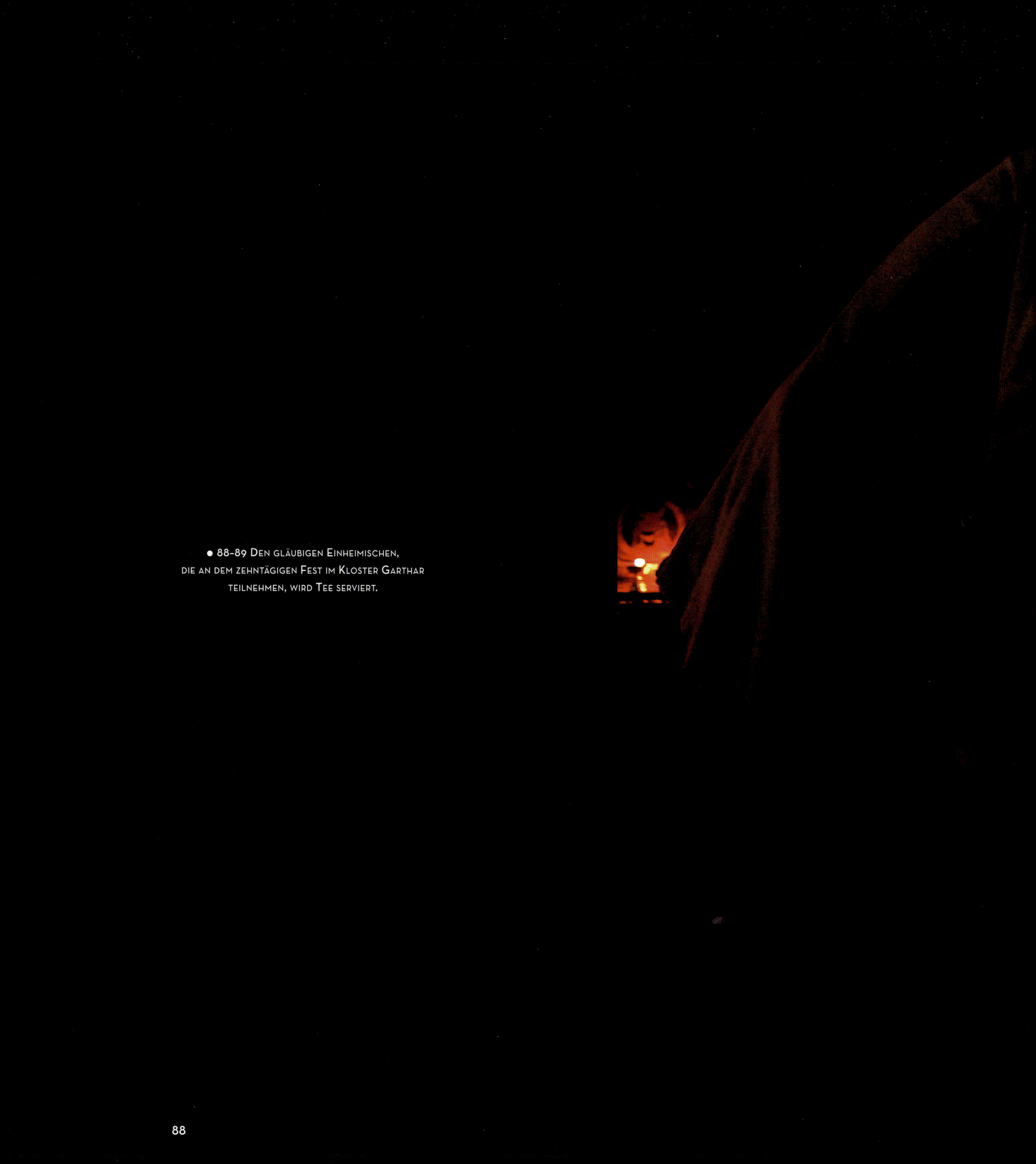

● 88–89 Den gläubigen Einheimischen, die an dem zehntägigen Fest im Kloster Garthar teilnehmen, wird Tee serviert.

● **90** Zahlreiche *Mani*, beschriftete Gebetssteine, säumen den Weg zum Meditationszentrum von Segyagu, unweit des Klosters Lhagong, dessen Mönche der Sekte der Gelugpa bzw. dem Gelbmützen-Orden angehören.

● **90-91** Gläubige bei der *Kora*; sie umrunden den Tempel und drehen im Gehen grosse Gebetstrommeln, um sich gutes Karma zu sichern.

● **92-93** Einheimische helfen in Bame bei der Vorbereitung eines 18-tägigen religiösen Festes zu Ehren eines lebenden Buddhas, Longdo Rinpoche, indem sie die Yakbutterlampen herrichten.

Kulturelles Kernland

Kapitel 3

Kulturelles Kernland

Kapitel drei

Meine zweite Reise nach Kham im Frühjahr 2009 trat ich von Chengdu, Sichuan, aus an, das für den Rest des Jahres mein Basislager wurde. Mein langjähriger Mittelsmann Fu Qing stammt aus Sichuan. Seine Firma *Kham Trek* organisiert für Ausländer Touren durch Kham und Tibet und rüstet sie aus, was angesichts des schwierigen Geländes und der noch komplizierteren politischen Lage keine leichte Aufgabe ist. Aber Fu ist ein erfahrener Bergsteiger und Kenner, nachdem er viele Jahre zusammen mit seinem tibetischen Partner Jampa Touren durch Tibet geführt hat. Er ist der Ansprechpartner, wenn es um die aktuellen Reisebedingungen geht, und vor allem kennt er die Antwort auf die große Frage: Ist die Straße jenseits von Kangding und dem Zheduo-Pass für Ausländer offen?

Unter jenen, die im Juni auf eine Antwort darauf warteten, war ein weiterer Kunde von Fu Qing: Dick Grace, ein international bekannter Winzer und Philanthrop aus Kalifornien, der im tibetischen Himalayagebiet Waisenhäuser und Schulen errichtet. Als Tibet-Fans schlossen Dick und ich schnell Freundschaft. Es war ein weiterer Glücksfall für mich, dass es sich bei Dicks aktuellem Projekt zufällig um den Bau einer Schule bei einem Shechen-Kloster in einer abgeschiedenen Ecke Sichuans, unweit der Grenze zu Qinghai, handelte. Sobald wir erfuhren, dass die Straße offen war, traf ich Vorbereitungen, um sofort zum Shechen-Kloster zu reisen, da ich wusste, dass wir dank Dicks Empfehlung dort freundlich empfangen werden würden.

Ich hoffte, einen direkten Einblick in das Leben in einem großen Kloster mit 750 Mönchen in der wichtigsten Jahreszeit zu erhalten – den Sommermonaten, wenn zahlreiche Feste und Zeremonien stattfinden. Wir wurden nicht enttäuscht. Tashi Tsering, der Abt des Shechen-Klosters, nahm mich für die folgenden fünf Tage unter seine Fittiche. Ich wusste aus Erfahrung, dass Tibeter, insbesondere Mönche in Klöstern, sich während religiöser Zeremonien ungern fotografieren lassen. Aber dank Tashi wurde ich bei jedem Anlass willkommen geheißen, selbst während Gebets- und Meditationssitzungen, und ich bekam Zugang zu allen Tempeln.

In Shechen begannen die Tage früh. Um vier Uhr morgens zockelten wir im Gänsemarsch die 800 Meter zum Küchengebäude hinunter, um Feuer zu machen und Yakbutter zu erhitzen. Zwei riesige Kessel mit Wasser wurden auf Tonöfen gestellt. (In der dünnen Luft auf über 3800 Meter Höhe kocht Wasser schnell.) Große Kugeln Yakbutter, eine Schaufel Salz und ein ganzer Ballen Teeblätter mit Stielen wurden hineingetan, während der Qualm aus der Feuerkammer des Ofens die Luft erfüllte. Rotgewandete Mönche beugten sich über die Kessel, zum Teil vom Rauch eingehüllt, und rührten die Brühe mit langen Holzstangen um. Ich war von dieser mittelalterlichen Szene ganz fasziniert.

Um 6:30 Uhr, als über dem Tal die Dämmerung anbrach, war der Tee für 700 Menschen fertig. Meine einzigen Lichtquellen waren eine offene Tür und ein halbes Dutzend nackter schwacher Glühbirnen. Dank der Einstellungsmöglichkeiten der Digitalkameras konnte ich bei dem vorhandenen Licht, das für Filmaufnahmen niemals ausgereicht hätte, Fotos machen. Reihen durstiger Mönche, die während der vergangenen Stunde in der unbeheizten Haupthalle des Klosters bei Temperaturen nahe dem Gefrierpunkt gebetet und meditiert hatten, wurden von den jüngsten Novizen bedient. Sie liefen hin und her, füllten Schalen mit dampfendem Buttertee und rannten zur Küche zurück, um Nachschub zu holen. Andere reichten geröstetes Gerstenmehl, *tsampa*, das Grundnahrungsmittel im kargen Speiseplan der Tibeter, das mit dem Tee einen herzhaften Brei ergibt, oder zu mundgerechten Kugeln geformt wird.

Nach einer halben Stunde brachen satte Mönche in Richtung Tür auf – einige zum Unterricht, andere, um sich ihren Aufgaben zu widmen. Die nächste Zusammenkunft fand zum Mittagsgebet und zu einem Essen, bestehend aus Yakeintopf, statt, gefolgt von weiteren Meditationen, Gebeten und dem Nachmittagstee. Den Rest des Tages verbrachten sie mit Vorbereitungen und Proben für ihre Aufführung beim Ling-Gesar-Fest, die sie in weniger als einer Woche zum ersten Mal vor Publikum präsentieren wollten. Ling Gesar, auch bekannt als König Gesar von Ling, ist der Volksheld, der das Land im 11. Jahrhundert kriegerisch einte und bei den Einheimischen als Begründer Tibets gilt. Nach den Proben und Gebeten wurden die Lichter früh gelöscht. Ablenkungen wie Fernsehen oder Radio, die eine Verbindung zur Außenwelt herstellen würden, gibt es nicht.

Wenn man ein tibetisches Kloster besucht, ist man unweigerlich vom Geist der tibetischen Mönche und der Hingabe an ihre spezielle buddhistische Lehre beeindruckt. Es regnete, als ich meine Kameras zusammenpackte und Tashi in sein Zimmer folgte. Während wir den Hang hinaufstiegen, führte er sein Gespräch am Handy weiter und blieb alle paar Schritte stehen, um sich zu bücken und einen Regenwurm aufzuheben, der durch den Regen an die Oberfläche gespült worden war. Ohne zu zögern, grub er mit der bloßen Hand ein kleines Loch in den Boden und legte den Wurm vorsichtig hinein, dann bedeckte er ihn mit etwas Erde. Seinem Glauben zufolge, in dem die Reinkarnation ein zentraler Bestandteil ist, sind alle Lebewesen gleich wertvoll: Für Tashi könnte dieser Wurm in einem anderen Leben ein geliebter Angehöriger oder enger Freund gewesen sein.

Jede Darstellung der tibetischen Kultur wäre unvollständig ohne die Erwähnung von Dege, dessen Tempel in Gengqing als zweitwichtigstes Kloster Tibets gleich nach dem Jokhang-Tempel in Lhasa gilt. Gengqing ist Sitz von Parkhang, der im 18. Jahrhundert gegründeten »Druckerei von Dege«. Die hier gelagerten 217 000 handgravierten Druckblöcke aus Holz werden noch heute genutzt, um buddhistische Schriften und Gebete zu drucken, und die Druckerei besitzt die weltweit größte Sammlung tibetischer Literatur.

Ich betrat Parkhang durch den Haupteingang und drückte mich an Hunderten gläubiger tibetischer Buddhisten vorbei, die mit der *kora* beschäftigt waren, der rituellen Umrundung von Tempeln, Stupas und anderen heiligen Stätten. Die *Kora* ist Wallfahrt und Meditation, bei der der Pilger Gebetsmühlen dreht und Mantras singt oder sich wiederholt zu Boden wirft. Sie ist in Tibet ein vertrauter Anblick und stets faszinierend zu fotografieren.

Nachdem ich davon viele Aufnahmen gemacht hatte, fotografierte ich im Inneren die letzten Phasen des Druckprozesses, als Arbeiter rote Tinte von 300 Jahre alten Holzdruckblöcken wuschen, die am Vortag benutzt worden waren. Auf der zweiten Etage fotografierte ich unter dem Schild »Fotografieren verboten« an die hundert Arbeiter, die Blöcke mit Druckerfarbe bestrichen; sie vervielfältigen täglich Tausende Seiten per Hand. Niemand erhob Einwände oder beschwerte sich, und mir wurde mitgeteilt, dass wir seit mehr als sechs Monaten die ersten ausländischen Besucher seien. Eine der Eigentümlichkeiten und Vorzüge des Reisens in beschränkt zugänglichen Zonen ist, dass die Einheimischen, die seit Wochen keinen Fremden mehr gesehen und einen großen Teil der Einnahmen durch den Tourismus eingebüßt hatten, äußerst freundlich und zuvorkommend waren. Während der ganzen weiteren Reise konnte ich ohne Einwände, Proteste oder Kosten Aufnahmen machen.

Bald hatte ich mich dem Rhythmus des Farbauftrags und des Rollens von Papier über den Holzblöcken angepasst. Die Drucker beachteten mich kaum. Ich stieg in die dritte Etage hinauf und betrat den Raum, in dem die Seiten gebunden wurden. Hier, im Schein des warmen Morgenlichts, ordnete eine Gruppe gebildeter älterer Arbeiter die Seiten und klebte sie für den Transport über die Chamagudao-Route in die Klöster zu langformatigen Büchern zusammen, so wie es hier seit 300 Jahren gehalten wird.

• 99 Ein junger Mönch beeilt sich, den 80 Mönchen des Klosters Litang Nachschub an Yakbuttertee zu bringen.

• 100-101 Die Strasse über den 5100 Meter hohen Trola-Pass zwischen Dege und Manigango ist fast das ganze Jahr über schneebedeckt.

• 102-103 Rosafarbene Gebetsfahnen zieren den heiligen Ort im Maiwa-Waque-Pagoden-Park.

• 104-105 Der Hügel oberhalb des Meditationszentrums von Segyagu ist mit Tausenden von Gebetsfahnen geschmückt, und der Wind trägt die Gebete und Segenswünsche ins ganze Land.

• 106-107 In einem Kloster in Gandze studieren Nonnen heilige Schriften. Die Bücher wurden im nahen Dege Parkhang von Hand gedruckt.

● 108–109 Eine buddhistische Nonne, die allem Weltlichen entsagt hat, wird in Gandze gesalbt.

● 110–111 In Gandze bereitet ein Mönch das in Zentraltibet traditionelle Fladenbrot zu, *Balep Korkun* genannt. Es wird auf einem Backblech hergestellt und besteht aus Gerstenmehl, Wasser und Backpulver.

● 112–113 Im Kloster Gandze, dem bedeutendsten in Kha
bereiten Mönche Yakbuttertee für die 370 hier lebend
Mönche zu. Der schwarze Ziegeltee wird mit
Yakbutter und Salz vermischt.

● 114–115 Junge Mönche sind frühmorgens
auf den Beinen, um das traditionelle Frühstück
aus Reis und Tee für die Mönche des Klosters
Gandze zuzubereiten.

● 116–117 In den Klöstern ist die Zeit des
Mittagessens alles andere als eintönig, wenn Mönch
verschiedenen Alters gemeinsam ihren
einfachen Gemüseeintopf einnehmen.

● **118** Holz zum Befeuern des Herdes und zum Beheizen der Klosterräume ist im tibetischen Hochland ein kostbares Gut.

● **118–119** Ein junger Mönch trägt Wasser aus einem Bach zum Kloster Shechen. Der Abt des Klosters war einst Lehrer des Dalai Lama.

● 120–121 Im Kloster Shechen bereiten sich Mönche auf die jährliche Nachstellung der Heldengeschichte von Ling Gesar vor, dem Begründer Tibets. Die Sage dieses mythischen Königs aus dem 11. Jahrhundert, der gegen die Feinde Tibets Krieg führte und das Land dank seiner übermenschlichen Heldentaten einte, wurde 1716 niedergeschrieben und gilt als das umfangreichste literarische Werk der Welt.

• 122 Das Ling-Gesar-Fest ist für die Mönche von Shechen und die vielen teilnehmenden Einheimischen ein Fest der Freude und Ausgelassenheit.

• 122–123 Ein Mönch im Kriegerkostüm wartet bei der Ling-Gesar-Aufführung, die im Juli während der Festzeit im Grasland stattfindet, hinter den Kulissen auf sein Stichwort, um in den Kampf einzugreifen.

• 124–125 Weil sämtliche Rollen, auch die Frauenrollen, von Shechen-Mönchen gespielt werden, sind diese »Mädchen«, die dem König zeremonielle Gebetsschals (*Kata*) und Tee als Opfergaben bringen, in Wahrheit junge Männer.

● **126-127** Für eine Butterteepause ist immer Zeit, selbst zwischen den Akten der Aufführung beim Ling-Gesar-Fest.

● **128 und 129** Ein Trupp Generäle von Ling Gesar zieht mit handgemachten kunstvollen Kostümen und Kopfschmuck bekleidet in den Kampf.

● **130-131** Mit ritualisierten Tänzen, die Schlachten zu Pferd darstellen, »galoppieren« die Truppen Ling Gesars auf die Feinde zu.

● **132** Bei diesem Fest wird nicht nur das Ling-Gesar-Epos aufgeführt, darüber hinaus treten Mönche jeden Alters auf und führen traditionelle tibetische Tänze vor.

● **133** Die bei der Aufführung als Frauen auftretenden Mönche tragen Blumenkopfschmuck und Geschmeide aus Korallen und Silber. In der tibetischen Kultur hat Schmuck sowohl spirituelle als auch dekorative Bedeutung.

● **134-135** Mädchen mit Kopfschmuck aus Bernstein und Korallen verfolgen gebannt das Schlachtengetümmel und eine Aufführung des legendären Pferderennens, das Ling gewann. Dank dieses Sieges wurde er König von Tibet.

HDV
SONY
SONY
SONY

● **136-137** Ein Hauch von 21. Jahrhundert: Shechen-Mönche halten die historische Aufführung für die Nachwelt fest.

• 138 Im Kampf zwischen Gut gegen Böse bezwingt der mächtige Krieger Ling Gesar seinen Feind, der wie die Bösewichte überall auf der Welt schwarz gekleidet ist.

• 138–139 Ling Gesar nimmt ein weiteres Symbol des Bösen ins Visier. Die bei dem Fest dargestellten Feinde können Menschen oder Monster sein, doch in jedem Fall siegt das Gute über das Böse, und Ling Gesar und seine Männer triumphieren.

● 140–141 Mönche mit an Halloween erinnernden Masken stellen die Feinde Tibets dar. Dämonen und Monster treten mit Totenkopfmasken auf.

● 142–143 Gebetsfahnen in den Grundfarben der fünf Elemente sollen den neu erbauten Unterkünften in Dege Gönchen Schutz garantieren.

● 144–145 In Dege Parkhang werden Bücher genauso hergestellt wie seit fast 300 Jahren, mit handgeschnitzten Druckblöcken, die mit Tinte bestrichen werden. Dann werden lange Papierstreifen bedruckt, getrocknet und gebunden.

● **146–147** Parkhang beherbergt über 200 000 Druckblöcke tibetischer Literatur und Geschichte sowie medizinischer und religiöser Schriften und ist somit das kulturelle Zentrum Tibets. Die Druckerei befindet sich in einem 1991 restaurierten ehemaligen Tempel.

● **148–149** Die handgeschnitzten, mit dem zinnoberroten Mineral Cinnabarit bestrichenen Holzblöcke müssen nach jedem Gebrauch abgewaschen werden.

● **150** Die Drucker arbeiten immer zu zweit, bestreichen den Holzblock, in den der Text geschnitzt ist, und rollen dann das Papier darüber.

● **150–151** Gelehrte Mitarbeiter lesen Korrektur und binden die Seiten per Hand zu Büchern. Es werden Anstrengungen unternommen, um sicherzustellen, dass diese uralten Techniken nicht durch die Modernisierung verloren gehen.

● 152-153 In Dege Parkhang gibt es keine computergestützten Ablagesysteme oder Datenbanken für die Archivierung. Dafür besitzt jeder Holzblock seinen Regalplatz und kann an seinem langen Griff heruntergenommen werden.

Würmer und Nomaden

Kapitel 4

Würmer und Nomaden

Kapitel vier

Das tibetische Hochland ist das wohl raueste Lebensumfeld auf unserem Planeten, doch was wie eine karge, baumlose Landschaft aussieht, ist erstklassiges Grasland für Yak-, Schaf- und Ziegenherden. Hier, sogar auf den höchsten Pässen entlang des Chamagudao, verbringen Clans von *drokpas* (Nomaden) acht oder neun Monate im Jahr, um ihre Tiere für den Markt zu mästen, und sie kehren nur für zwei oder drei Monate während der kältesten Winterwochen in ihre Häuser in der Stadt zurück. Die Gruppen von gewöhnlich fünf bis 15 Familien sind an den unverwechselbaren Jurten aus schwarzen Yakfellen oder den von der Regierung ausgegebenen weißblauen Zelten leicht zu erkennen. Die Nomaden und ihr Lebensstil drohen zu verschwinden, da China versucht, sie in festen Häusern in Städten und Dörfern sesshaft zu machen. Weil ich schon immer von robusten Menschen fasziniert war, die unter schwierigen Bedingungen leben, standen sie ganz oben auf meiner Fotoliste.

Während eines heftigen Schneesturms kamen wir Ende Mai im Nomadengebiet bei Serxu, an der Grenze zwischen Sichuan und Qinghai, weit oberhalb der Baumgrenze in 4500 Metern Höhe an. Nachdem ich Yaks, die sich vor dem grünen Berghang durch einen fahlen Schleier dicker Schneeflocken als Silhouetten abzeichneten, fotografiert hatte, steuerten wir auf eine Ansammlung von Zelten zu. Wir wurden mit jeder Menge *tashi deles* (großem Hallo) und Yakbuttertee willkommen geheißen. Tupten, unser Gastgeber, erzählte uns, wir befänden uns mitten in der *Yartsa-gunbu*-Saison, einem zweimonatigen Zeitfenster, in dem alle Nomaden sich auf ihrem Grasland aufhielten und nach einem seltsam aussehenden, aber sehr begehrten Pilz suchten (dem Raupenpilz). Dieser parasitäre Pilz, der nur in großer Höhe im tibetischen Hochland zu finden ist, ist Grundlage der teuersten Kräutermedizin der Welt. In Peking und Schanghai erzielt er 500 000 Yuan pro Kilo (57.500 €), deutlich mehr als Gold.

Im Winter dringt der Pilz in die Larve von Wurzelbohrern ein und frisst die Raupe dann von innen auf. Im Frühjahr und Frühsommer wächst der knorrige Stiel des Pilzes aus dem Boden, der aus einem versteinerten Wurm hervorzukommen scheint. Sein chinesischer Name *chong cao* ist bezeichnend – »Sommergras-Winterraupe«.

Der *yartsa gunbu*, im Ganzen genossen oder in Kapsel- oder Teeform eingenommen, gilt in China als Allheilmittel, von Impotenz und Alzheimer bis hin zu Krebs. Genau genommen war es die SARS-Epidemie (Severe Acute Respiratory Syndrome) von 2003, die die Aufmerksamkeit der Welt auf den *yartsa gunbu* lenkte und seinen Preis in die Höhe schnellen ließ.

Selbst an der Quelle, in einer Höhe von über 4500 Metern im tibetischen Hochland, erhalten die Pilze sammelnden Nomaden für jedes Exemplar vier bis acht Euro. Mit einer durchschnittlichen Tagesausbeute pro Person von 50 Pilzen kommt dies einem wahren Goldrausch gleich, und jeder Mann, jede Frau und jedes Kind ist auf dem Grasland mit der Nase am Boden unterwegs auf der Suche nach den seltsamen wurmähnlichen Pilzen, die aus der Erde ragen.

Das Geld, das die Nomaden durch den Verkauf des *yartsa gunbu* einnehmen, investieren sie in Motorräder, die das trittsichere Tibetpferd langsam ablösen. Allwetterkleidung westlicher Marken wird hier ebenso getragen wie Mäntel aus Yakfellen und Pelzmützen. Handys, sogar iPhones und iPods, sind weit verbreitet, und feste Winterunterkünfte in der Stadt sowie gute Schulen für die Kinder liegen in erreichbarer Nähe. Der *yartsa gunbu* ist die neue Währung, die entlang des Chamagudao Tee und Pferde ersetzt.

Tupten lud uns ein, uns früh am folgenden Tag der Pilzsuche anzuschließen, deshalb verbrachten wir diese erste Nacht im Nomadenland in seinem weißen, von der Regierung gestellten Zelt, das er, wie er sagte, der traditionellen Jurte aus Yakfellen vorzog, weil es wasserdicht und im Inneren heller sei. Fu und ich ließen uns bei Tupten, seiner Frau Gatseng, der Tochter Tsering Dolma und dem Sohn Gompa Dundze nieder. Je mehr Menschen sich in einem tibetischen Nomadenzelt befinden, desto lustiger und wärmer ist es. Schnarchgeräusche und das Gebell der lebhaften Tibetdoggen, die als Wachhunde dienen, aber auch meine häufigen Gänge hinaus in den Schnee aufgrund des harntreibenden Mittels, das ich gegen die Höhenkrankheit einnahm, hielten mich vom Schlafen ab.

Am nächsten Morgen waren wir in der Dämmerung auf den Beinen, zumindest Gatseng und ich. In der tibetischen Nomadenkultur ist es die Frau, die als Erste aufsteht, um mit Yakdung anzufeuern und das Wasser für den Tee und die *tsampa* zu erhitzen. Sie schaufelte zunächst den Schnee rund um das Zelt zur Seite, bevor sie davonging, um ein Dutzend *dri* (weibliche Yaks) zum Zelt zu treiben und zu melken. Nach einer Stunde lief sie dann schließlich los, um Yakdung für das Feuer zu sammeln. Als alles bereitet war, weckte sie ihren Mann und den Rest unserer Mannschaft für ein Frühstück, bestehend aus *tsampa*, *ramen*-Fertignudeln und selbstverständlich Buttertee. Gestärkt stiegen wir und die 20 anderen Mitglieder von Tuptens Clan auf Motorräder und fuhren etwa eine Stunde zu den Stellen auf 5000 Metern Höhe hinauf, wo der *yartsa gunbu* zu finden war.

Mit handgemachten kleinen Hacken im Gürtel und leeren roten *ramen*-Tüten für die makabren Schätze in den Taschen lief die Gruppe von Stelle zu Stelle, sobald ein Familienmitglied ein Pilzexemplar entdeckt hatte. Nachdem ein paar Bemerkungen über Größe und Qualität ausgetauscht waren, zerstreute sich die Gruppe wieder in alle Richtungen, die Köpfe nur wenige Zentimeter über der Erde. Ich ging mit ihnen, die Kamera dicht am Boden, und versuchte, ein Bild zu machen, bevor die Nomaden zu den nächsten Fundplätzen aufbrachen.

Gegen Mittag schlug eine der Frauen vor, zu einer malerischeren Stelle zu gehen, die ein paar hundert Meter weiter auf dem Gipfel eines Hügels lag. Während ich mich zu dem anstrengenden einstündigen Aufstieg aufrappelte, sah ich voll Bewunderung meine neuen Freunde den Berg hinauflaufen; Fu und ich folgten in gemäßigterem Tempo. Als wir am Nachmittag wieder herunterstiegen, klagte Fu über starke Kopfschmerzen und Herzrasen. Ihm ging es, als wir bei den Motorrädern ankamen und zusammen zurückfuhren, noch immer nicht besser. Am Abend hatte er keinen Appetit, aß wenig und zog sich früh zurück.

Am nächsten Morgen erwachte Fu mit Herzrasen aus einem unruhigen Schlaf und spuckte Blut. Wir brachen zur fünfstündigen Fahrt ins tiefer gelegene Yushu in der Provinz Qinghai auf. Diese auf etwa 3700 Metern Höhe gelegene Stadt ist wegen des starken Erdbebens von 2010 bekannt, das sie dem Erdboden gleichmachte und in eine Zeltstadt verwandelte. Wir fanden den einzigen Arzt der Stadt, der seine Praxis in einer Behelfsunterkunft eingerichtet hatte. Er bestätigte, dass wir es mit einem Höhenlungenödem zu tun hatten, der schweren und manchmal tödlichen Höhenkrankheit. Er verabreichte Fu Sauerstoff, riet uns jedoch, eine tiefere Lage anzusteuern. Am vierten Tag gelangten wir nach 16-stündiger Fahrt nach Xining, wo Fu in ein Krankenhaus kam. Doch auch hier, auf nur 2100 Metern Höhe, waren die Ärzte der Meinung, die Höhe sei noch zu groß, deshalb rieten sie Fu, so schnell wie möglich nach Hause zu reisen – aber per Bahn, nicht etwa mit dem Flugzeug, da er noch immer in kritischem Zustand war. Wir verfrachteten Fu im Zug nach Chengdu in ein Schlafabteil und schickten ihn auf Heimaturlaub. Zu Hause erholte er sich rasch wieder.

Mittelsmänner wie Fu sind die unbesungenen Helden des Journalismus. Sie fungieren als Führer, Koordinatoren, Recherchehelfer, Dolmetscher, Sekretäre, Buchhalter, Gepäckträger Gourmetkritiker und manchmal als Fahrer – und Fu ist einer der Besten. Außerdem ist er ein sachkundiger und angenehmer Reisebegleiter. Sobald er außer Gefahr war, ging mir die Ironie der Tatsache auf, dass der *yartsa gunbu* trotz seines Rufs, Hunderte von Krankheiten zu heilen, gegen die Höhenkrankheit offenbar unwirksam ist.

● 157 Eine Nomadengrossmutter beim Multitasking; sie nimmt sich Zeit für eine Umarmung und einen Kuss, während sie die Yakbutter umrührt. Sie und ihre siebenköpfige Familie verbringen den Sommer hier, 20 Kilometer von ihrem Heim bei Bame entfernt.

● 160–161 An der Route 318, der südlichen Strecke des Chamagudao, ist der Zar-Gamala-Pass von 1700 Metern bis zu 4658 Metern die höchste Erhebung in Tibet. Die 180 Serpentinen steigern den Nervenkitzel der Überquerung.

● 162–163 Yaks sind für die tibetischen Nomaden unverzichtbar, denn sie liefern Wärme und Nahrung. Die perfekt an die grossen Höhen und kalten Temperaturen des tibetischen Hochlands angepassten Yaks sind hervorragende Lasttiere, kräftig und trittsicher.

● **164-165** Im nahezu baumlosen tibetischen Hochland wird Yakdung als Brennstoff zum Heizen und Kochen genutzt. Das Dungsammeln ist Aufgabe von Frauen und Kindern.

● **166 und 166-167** Frauen und Kinder übernehmen die meisten häuslichen Arbeiten, zu welchen auch das Scheren der Schafe zählt. Schafe sind für die Tibeter fast genauso wichtig wie Yaks, da sie Wolle, Fleisch, Felle und Milch liefern.

● 168–169 Nomadenfamilien verbringen die Sommermonate in Zelten aus Yakfellen, lassen ihre Tiere grasen und suchen nach dem kostbaren *yartsa gunbu*, dem Raupenpilz.

● **170–171** Riesige Weideflächen beim Qilian-Hochgebirge gehören zur Shandan-Armee-Pferderanch, die seit der Zeit besteht, als die Chinesen begannen, Tee gegen die guten tibetischen Pferde zu tauschen.

● **172–173** Ein Schneesturm verhüllt eine am Ufer des Yalong Flusses grasende Yakherde.

● **174** Nomadenreiter, ebenso kräftig und robust wie ihre Pferde, trainieren ihre Tiere für die Rennsaison im Sommer.

● **174-175** Jahrhundertelang haben die schwarzen Zelte aus Yakfellen Nomadenfamilien vor dem rauen und wechselhaften Wetter im Gebirge geschützt.

• 176–177 Eine junge Mutter entzündet das Feuer, um für ihre siebenköpfige Familie zu kochen, während ihr Sohn zusieht und lernt. Drei Generationen dieser Drokpas (Nomaden) leben in einem Zelt zusammen.

● 178–179 In ganz Tibet zählt die Herstellung von Yakbutter zu den täglichen Aufgaben. Trotz moderner Geräte wie eines Fernsehers im Haushalt wird die Yakbutter noch immer von Hand gerührt und abgeschöpft.

● 180–181 Ein Nomadenlager an der Route 109, unweit des heiligen Sees Namtso, hebt sich vor der aufgehenden Sonne ab.

● 182–183 Nomaden wie diese Familie, die ihr Lager beim Hei-Tu-Shan-Pass im besten Sammelgebiet des *yartsa gunbu* aufgeschlagen hat, ziehen die von der chinesischen Regierung ausgegebenen Zelte immer häufiger den traditionellen Behausungen aus schwarzen Yakfellen vor.

● 184–185 Tibeter nennen diese bunten Fahnen »Windpferde«. Sie sollen Reisende bei der häufig gefährlichen Überquerung der Bergpässe beschützen.

• 186–187 und 189 Die *Dri* (Yakkühe) müssen trotz des frühen Schneefalls gemolken werden. Diese Aufgabe fällt der Frau zu.

● 191 Tibeter haben immer ihren Tee dabei und trinken pro Tag durchschnittlich 40 Tassen. Die zehn Jahre alte Tsering Dolna, mit Gesichtscreme eingeschmiert, um sich gegen die intensive Sonneneinstrahlung zu schützen, schlürft ihren Buttertee, mit dem sie wertvolle Kalorien zu sich nimmt.

● **192** Adleraugen und Geduld sind gefragt, wenn es darum geht, den gut getarnten und nur einen Zentimeter aus der Erde herauswachsenden *yartsa gunbu* zu finden. Ein Pilz, der in eine Raupe eindringt, besitzt angeblich nahezu wundersame Heilkräfte und verspricht den tibetischen Nomaden grossen Reichtum.

● **192–193** Beim Sammeln des yartsa gunbu, das inzwischen die Hütearbeit als Lebensunterhalt der Nomaden ersetzt, ist die ganze Familie mit von der Partie. Mit handgemachten Spaten und Kellen wird der Raupenpilz aus der Erde gehackt.

● **194** Motorräder, mit den Einkünften aus dem *yartsa gunbu*-Verkauf finanziert, ersetzen heutzutage das tibetische Pferd; so auch bei der Familie Tuptens, die ihr Lager beim Hei-Tu-Shan-Pass aufgeschlagen hat.

● **194–195** Ein für zwei Personen gedachtes Motorrad leistet diesen vier Nomaden auf der Suche nach dem *yartsa gunbu*, was so viel heisst wie »Sommergras-Winterraupe«, gute Dienste.

● **196–197** Nomaden versammeln sich in Serxu, auf 4150 Meter eine der höchstgelegenen Städte der Welt, um ihre Ware zu reinigen und anzubieten, und ihre treuen tibetischen Ponys ahnen nicht, dass sie bald nicht mehr gebraucht werden.

路

服 于 民

● **198** Wie Damen bei einem altmodischen Quilt-Treffen machen sich Arbeiterinnen daran, die von Nomadenhändlern nach Xining, der grössten Marktstadt der Provinz Qinghai, gebrachten Pilze zu reinigen.

● **198–199** Muslimische Uiguren kontrollieren den Pilzhandel und stellen Frauen wie diese mit ihren schicken Hüten zum Sortieren, Reinigen und Trocknen des *yartsa gunbu* an.

王氏虫草商行
9号楼由此进

建国路
5-37

200–201 Diese Händler, die in ihren Plastiktüten buchstäblich ein Vermögen mit sich herumtragen, feilschen mit den uigurischen Händlern um den besten Preis für ihre *yartsa gunbu*. Für einen »Wurm« werden 10 bis 50 Dollar bezahlt.

● **202–203** Dieser Nomade, gerade vom Sammeln des *yartsa gunbu* auf dem Grasland zurück, präsentiert Händlern einige seiner besten Exemplare.

● **204–205** Noch vor etwa 100 Jahren wären vor diesen Geschäften in Serxu tibetische Pferde angebunden gewesen, doch heutzutage ist das Motorrad das bevorzugte Transportmittel der Nomaden.

Haojiang
净重：65公斤
电脑配方

川·V
22805
Haojiang

Unterwegs nach Lhasa und dem Dach der Welt

Kapitel 5

Unterwegs nach Lhasa und dem Dach der Welt

Kapitel fünf

Die nächste und letzte Herausforderung bestand für uns darin, die Bewilligung zur Einreise ins Autonome Gebiet Tibet zu erhalten. Das ist immer eine komplizierte Prozedur, weil mehrere Stufen von Genehmigungen erforderlich sind, vom Sicherheitsbüro in Lhasa bis hinunter zu jenen auf lokaler Ebene. In jedem Reiseführer steht, dass Sie beim Beantragen eines Visums nach China in der Rubrik »Orte, die Sie besichtigen wollen« niemals Tibet oder eine Stadt in Tibet angeben dürfen, weil das Visum sonst abgelehnt wird. Und unter »Beruf« dürfen Sie niemals Fotograf angeben. Falls doch, wird der Sichtvermerk automatisch verweigert, und Sie müssen ein Journalistenvisum beantragen, das bewilligt wird oder nicht, je nachdem, was sich in China politisch gerade abspielt oder wie groß die unberechenbare Paranoia der chinesischen Regierung ist.

In Gebieten, die so sensibel sind wie Tibet, werden Genehmigungen für Fotografen, die als Journalisten gelten, nicht erteilt, basta. Deshalb reiste ich als Tourist in einer dreiköpfigen Gruppe – Fu Qing, inzwischen von der Höhenkrankheit wieder vollständig genesen, unser Fahrer Huka und ich. Und auf unserer Liste der Orte, die wir bereisen wollten, stand der Rest des nördlichen Chamagudao, die Route 317, sowie die gesamte südliche Route 318. Dank Fus Kontakten in Lhasa erhielten wir alle gewünschten Bewilligungen.

Bei Autoreisen nach Lhasa bildet die Prozession von Pilgern entlang der Strecke eine der Konstanten. Ich werde niemals das erste Mal vergessen, als ich einen Pilger sah, der den tibetisch-buddhistischen Akt der Niederwerfung, *chag tsal* genannt, vollführte. Es war in der Provinz Gansu auf der Straße zum Kloster Labrang. Ich sprang mit der Kamera in der Hand aus dem Auto und legte mich auf den Bauch, um eine Aufnahme zu machen, wie er direkt vor mir mit dem Gesicht zum Boden flach ausgestreckt lag. Ich verfolgte jede seiner Bewegungen – ein paar Schritte, Handflächen zusammengelegt, klick; wieder ein Schritt, Hände zum Herzen, klick; Hände vors Gesicht, klick, Hände über den Kopf. Dann ging er wieder auf die Knie und legte sich erneut bäuchlings nieder, klick. Die Stirn auf dem Boden, klick. Nach fünf oder sechs Wiederholungen dieser Übung war ich in der dünnen Luft außer Atem und ließ mich am Straßenrand nieder, um mich auszuruhen, aber der Pilger setzte seine Niederwerfungen den Berg entlang fort. Während der ganzen Zeit, in der ich fotografierte, nahm er meine Anwesenheit überhaupt nicht zur Kenntnis und betete und warf sich nieder, als wäre ich gar nicht da. Ich stand auf und folgte ihm, um ihm ein paar Fragen zu stellen. Er antwortete, ohne innezuhal-

ten. Er hieß Champa und war auf dem Weg nach Labrang. Seit zwei Monaten war er unterwegs und hoffte, rechtzeitig zum Losar-Fest, dem tibetischen Neujahrstag, bei diesem großen Kloster anzukommen. Von dort plante er, nach Lhasa weiterzugehen, eine Strecke von 2000 Kilometer, die er in 200 Tagen zurückzulegen hoffte.

Ich dankte ihm für die geopferte Zeit und die Geduld angesichts meiner Störung seines Gebets und fuhr drei Stunden weiter nach Xiahe. Mehrere Tage später traf ich Champa wieder, als er sich bei der Umrundung des Labrang-Tempels niederwarf und für ein paar Tage oder Wochen die *kora* ausführte, bevor er seinen Weg zu seinem großen Ziel fortsetzte, dem Jokhang-Tempel in Lhasa, dem Lebenstraum eines jeden Tibeters. Ich kam mir angesichts der Willenskraft dieses Mannes, seiner Entschlossenheit, seines Durchhaltevermögens und seines unerschütterlichen Glaubens unbedeutend vor. In den folgenden Wochen sollte ich auf der Straße nach Lhasa noch vielen Leuten wie Champa begegnen. Je näher wir Lhasa kamen, desto mehr Pilger trafen wir, und ihre Zahl war so beeindruckend wie der Potala-Palast selbst.

Doch eine wichtige Frage beschäftigte mich weiter – wo waren bloß all die Pferde? Während der Ming-Dynastie wurden zur Blütezeit des Chamagudao jährlich immerhin 25 000 Pferde gegen Tausende Pfund Tee getauscht. Doch heutzutage werden Pferde und Esel selten und nur in den ärmsten Dörfern gehalten. Bei den Bauern haben Traktoren die Pferde, die früher die Pflüge zogen, ersetzt. Bei den Nomaden wird die Hütearbeit auf dem Grasland inzwischen vom Motorrad aus gemacht, das sich dank des Raupenpilzes jeder leisten kann. Und Karawanen, einst die einzige Transportmöglichkeit für Tee und andere Güter, sind Lastwagen gewichen. Die wenigen Pferde, die wir sahen, grasten friedlich und untätig auf den Weiden.

Doch während des kurzen Sommers im August ändert sich das alles, da die Pferde wieder einen Zweck haben – die Rennen bei den Sommerfesten, die einst überall in Kham und Tibet einmal im Jahr ausgetragen wurden. Inzwischen sind Umfang und Häufigkeit der Feste strikt reglementiert und werden von der Regierung abgesagt, wenn tibetische Proteste oder Demonstrationen vorkommen. Im Jahr 2009 hatten wir das Glück, das größte Pferdefestival in Nakchu mitzuerleben. Da es im Jahr davor während der Olympischen Spiele abgeblasen worden war, konnte man die Aufregung unter den tibetischen Reitern geradezu greifen.

Das Festival von Nakchu lockt immerhin 10 000 Menschen an, die ihre Zelte neben der Rennbahn südlich der Stadt aufschlagen. Aus allen Himmelsrichtungen kommen Nomaden-Cowboys angeritten, die die letzten 200 Meter bis zum Rand des Festgeländes in vollem Galopp in Gruppen von zwei, vier, zehn oder mehr Reitern zurücklegen. Mit prahlerischen Bewegungen steigen sie vom Pferd, weil sie wissen, dass sämtliche Augen auf sie gerichtet sind. Alle tragen ihre schönsten Trachten: Frauen in langen Gewändern, *chuba* genannt, mit vielen Gold- und Türkisketten behängt; Männer mit Cowboyhüten, kniehohen Stiefeln und langarmigen Tuniken. Verschiedene Wettkämpfe und Geschicklichkeitsproben werden vorgeführt, von Bogenschießen bis Tauziehen. Doch die Hauptattraktion sind die Pferderennen.

Die Pferderennbahn hier gilt als die höchstgelegene der Welt, und die kleinen, kräftigen Pferde, die an den freundschaftlichen Wettkämpfen teilnehmen, sind auf einzigartige Weise an die Höhenlage angepasst. Doch um zusätzliche Energie für die Rennen zu haben, erhalten sie, wie mir gesagt wurde, eine Extrastärkung in Form von eingeweichten Teeblättern.

Trotz der Darbietungen, die die Nomaden zeigen, stehen bei den Rennen nicht die Erwachsenen im Zentrum der Aufmerksamkeit, sondern Kinder und Teenager – je leichter sie sind, desto besser. Sie, nicht die erwachsenen Cowboys, sind die Jockeys. Wie seltsam, dachte ich, dass meine letzte Gelegenheit, das einst gefürchtete tibetische Schlachtross der Armeen chinesischer Kaiser zu fotografieren, am Ende darin besteht, dass ich auf der Tribüne stehe und die legendären Pferde auf einer Rennbahn laufen sehe, geritten von Kindern.

● **209** Gläubige Pilger kommen beim *chag tsal*, das ist der tibetische Begriff für die rituelle Niederwerfung, nur im Schneckentempo voran. Ihre Reise von Qinghai über die nördliche Route der Tee-Pferde-Strasse in die heilige Stadt Lhasa wird sechs Monate dauern.

● **211** Leuchtende Farben sind in Tibet allgegenwärtig, von den Gebetsfahnen bis hin zum Schmuck aus Türkis und Korallen und den Gewändern sowohl der Männer als auch der Frauen.

● **212–213** Ein einsames Pferd grast auf einer Weide unweit des Bergpasses westlich der Nomadenstadt Manigango, wo sich der Chamagudao in seine südliche und nördliche Route teilt.

● **214–215** Ein Mani, Gebetsstein, am Ufer des für Tibeter heiligen Yilung-Lhatso-Sees am Fuss der Trola-Gebirgskette.

● **216-217** Der Sommer ist für diese jungen Mönche die Zeit des jährlichen ausgiebigen Bades in den heissen Quellen von Rombatso, unweit des Lhatso-Sees. Aufgrund des rauen Klimas baden die meisten Tibeter nur ein- oder zweimal im Jahr.

218–219 Früher ein vertrauter Anblick, doch heute sieht man auf dem Grasland nur selten Herden von Tibetpferden.

● 220–221 Zwar sind in Tibet Lastwagen und Motorräder allgegenwärtig, doch es gibt noch immer Menschen, die ihre Waren auf traditionelle Weise transportieren – wie diese Frau, die auf dem Markt in Rombatsa Tee gekauft hat.

● **222 und 222–223** Eine Frau wirft ihre Gebetssteine auf den wachsenden Berg von über zwei Milliarden Mani beim Gyanamani-Tempel in Yushu, einer im Jahr 2010 von Erdbeben erschütterten Gegend. Diese Sammlung mit buddhistischen Sutras und Symbolen gravierter Steine ist die grösste der Welt.

● **224-225** Diese Männer beweisen, dass man nicht stehen muss, um sich durch das Drehen einer Gebetstrommel im Uhrzeigersinn Wohltaten und gutes Karma zu sichern.

● **226-227** Mit buddhistischen Sutras beschriftete Gebetsfahnen in den Grundfarben am Ufer das Namtso Sees.

● **228-229** Die Sommersonne färbt die Berghänge oberhalb des Namtso-Sees golden. Die ausgedehnten Weideflächen unweit des Namtso, einem der höchstgelegenen Salzwasserseen der Erde, sind der Grund, warum die Gegend das Lieblingsgebiet tibetischer Nomaden ist.

230-231 Da Lastwagen und Motorräder die Aufgaben des Transports und der Hütearbeit übernommen haben, finden tibetische Cowboys wie diese in Chiusang, eine Stunde nördlich von Lhasa, Arbeit als Führer von Touristengruppen.

● **232-233** In Nakchu, an der Kreuzung der Route 317 und der Schnellstrasse Qinghai-Lhasa, findet eines der grössten Pferdefestivals in Tibet statt. Der doppelte Regenbogen über einer Gruppe chinesischer Polizisten ist ein gutes Vorzeichen für das diesjährige Fest; im vergangenen Jahr wurde es aufgrund politischer Unruhen abgesagt.

● **233** Zinnoberrote Ballons kündigen den Beginn des Pferdefestivals an.

● **234-235** Tibetische Reiter in ihren langen Mänteln, *chubas* genannt, und mit ihren Hüten im Stetson-Stil warten, dass sie an die Reihe kommen, um ihre Reitkünste vorzuführen.

● **236-237 und 237** Junge Frauen in den typischen bunten tibetischen Trachten machen sich beim Festival für ihre Vorführung traditioneller Tänze zurecht.

● **238** Ein junges Mädchen zeigt sich beim Festival in voller Pracht – mit Hut aus Fuchspelz und jeder Menge Schmuck.

● **239** Das wichtigste Kleidungsstück eines Cowboys ist sein Filzhut nach westlichem Vorbild.

● **240–241** Jedes Teil der traditionellen tibetischen Tracht – von den bunten Gewändern bis zu den Pelzkappen und den Ketten und Ohrringen – hat seit Jahrhunderten seine Bedeutung und Symbolik. Türkisen, Korallen und Bernsteinen wird heilende und beschützende Wirkung zugesprochen.

● **242–243** Um von den Frauen nicht übertrumpft zu werden, tragen diese Männer althergebrachte Kostüme aus Leoparden- und Tigerfellen sowie Hüte aus rotem Fuchspelz.

● **244–245** Sie sind die Hauptattraktion: Junge Jockeys auf trittsicheren Pferden rasen mit halsbrecherischem Tempo von der Startlinie los.

074
41

als ich dieses Mal in Zhongdiang ankam, war ich sehr mit Der verlorene Horizont beschäftigt. Wie der Protagonist des Romans kam ich mit dem Flugzeug, doch anstatt wie Conrad in einer Schneeverwehung eine Bruchlandung zu erleben, landete ich auf Shangri-Las funkelnagelneuem Flughafen, erbaut für die Scharen von Touristen, die jetzt in diese abgelegene Stadt reisen.

Zunächst machte ich Aufnahmen von Zhongdian/Shangri-La und versuchte, durch die wichtigsten Sehenswürdigkeiten der Stadt – das Kloster Sumzanling, die Schlucht des Mekongflusses und der schneebedeckte Gipfel des Kawagebo (häufig auf den Umschlägen von Der verlorene Horizont abgebildet) – das Gefühl eines irdischen Paradieses heraufzubeschwören. Danach brannte ich darauf, nach Lhasa zu kommen. Ich dachte, die Stadt würde der Höhepunkt sein – ein fast mythischer Ort, mit dem hoch aufragenden Potala-Palast, einst Sitz des Dalai Lama, dem heiligen Jokhang-Tempel und dem Barkhor, zum Teil Marktplatz, zum Teil heilige Stätte für gläubige Pilger, die ihn bei ihrer kora umrunden. Nach zwei Jahren der Vorbereitung entpuppte sich der ersehnte Moment, der ein krönender, feierlicher sein sollte, als herber Schlag ins Wasser.

Eine meiner goldenen Regeln auf Reisen lautet, nicht zu viel zu erwarten, um keine Enttäuschungen zu riskieren. Im Fall von Lhasa hatte ich jedoch gegen meine eigene Regel verstoßen und kam mit zu vielen Erwartungen im Gepäck in der heiligsten Stadt Tibets an. Es wäre jedoch fast unmöglich gewesen, keine großen Erwartungen zu haben. Kein Ort konnte diesen Vorstellungen gerecht werden, selbst dann nicht, wenn man die Moderne oder chinesische Eingriffe auszublenden vermöchte. Ich wurde das Gefühl nicht los, 20 Jahre zu spät zu kommen.

Bis ins vergangene Jahrhundert war Lhasa eine geschäftige Handelsstadt an der Kreuzung des Tee-Pferde-Handels und darüber hinaus ein Magnet für Buddhisten aus aller Welt. Der Zustrom der Chinesen hat vieles von dem, was Lhasa so einzigartig gemacht hatte, hinweggefegt. Das heutige Lhasa ähnelt bis auf ein paar wenige Beispiele tibetischer Architektur und erhaltener Traditionen den meisten anderen modernen chinesischen Städten. Selbst der Potala-Palast war in ein Museumsstück für Touristen verwandelt worden.

Ich wollte den Blick auf das Lhasa einfangen, den es einem Händler, der über den alten Chamagudao angekommen ist, geboten hätte – ohne die Touristengruppen, den Verkehr und die nichtssagenden Gebäude einer Stadt des 21. Jahrhunderts. Ein Foto, das mein Freund und Kollege bei National Geographic, der große Galen Rowell 1981 aufgenommen hat, diente mir als Inspiration. Auf diesem Bild, eine der berühmtesten Fotografien, die je in Tibet gemacht wurden

Das schwer fassbare Shangri-La

Kapitel sechs

Einer der brillantesten Marketingschachzüge in der kurzen modernen Geschichte Chinas war die Umbenennung der Stadt Zhongdian im Norden von Yunnan im Jahr 2001 in Shangri-La – nach dem fiktiven Bergparadies, das sich der Schriftsteller James Hilton in seinem Roman Der verlorene Horizont ausgedacht hat. Die Stadt liegt tatsächlich hoch auf dem tibetischen Plateau (auf 3000 Metern), und wenn man aus dem Norden kommt, muss man mehrere Bergketten überqueren, um dorthin zu gelangen. Das Klima ist fast ideal, und die zumeist tibetischen Bewohner sind freundlich. Zhongdian besitzt zudem das unabdingbare Kloster – vor einer Kulisse, die der des Films um nichts nachsteht.

Es wird angenommen, dass der 1933 verfasste Roman von den Arbeiten des legendären National Geographic-Forschers Joseph Rock inspiriert wurde, der einst in der nahegelegenen Stadt Lijiang lebte. Rock schrieb zwischen 1922 und 1935 für das Magazin zehn Artikel über die Region und lieferte Fotos dazu. Er war gewissermaßen ein alter Freund von mir, da Rock – beziehungsweise seine Werke – mich mit der Welt Tibets vertraut machten. Zur Vorbereitung meiner Geschichte über ihn für National Geographic (»Unser Mann in China«, Januar 1997) beschäftigte ich mich intensiv mit seinen Artikeln über Tibet und mit seinen Fotos, und auf meiner ersten Reise nach Zhongdian/Shangri-La im Jahr 1997 fotografierte ich ebendieses Kloster, das kaum verändert war, seit Rock es vor mehr als 80 Jahren beschrieben hatte.

Rock war ein hervorragender Linguist, der zehn Sprachen beherrschte, darunter Tibetisch und sieben alte Dialekte des Chinesischen. Er ritt mit 200 Männern und Maultiertreibern den Chamagudao entlang. Zu seinem Gefolge gehörten ein Koch, Diener und sogar Soldaten, die Banditen abwehren sollten. Der in Österreich geborene Rock ließ sich Wiener Spezialitäten servieren, von einem chinesischen Koch zubereitet, den er selbst ausgebildet hatte. Die Mahlzeiten wurden ihm auf feinem Porzellan auf einem Tisch serviert, und es fehlte nicht am leinenen Tischtuch und Silberbesteck. Rock badete sogar jeden Tag in einer tragbaren Badewanne, die er sich beim Expeditionsausstatter Abercrombie & Fitch gekauft hatte, und hörte dabei auf einem batteriebetriebenen Grammofon italienische Opern. Ich bewunderte die Noblesse des Mannes und staunte über sein großzügiges Spesenkonto bei National Geographic.

Es war also eine gebührende Hommage, wieder hier zu sein und in Rocks Fußstapfen zu treten. Ich war in einem Bezirk, der, inspiriert vom Buch Hiltons, neuerdings Shangri-La hieß, welches wiederum von Rock inspiriert war, auf der Suche nach meinem eigenen Shangri-La. Am Tag

Kapitel 6

Das schwer fassbare Shangri-La

und die Galens eindrücklichstes Bild darstellt, befindet sich der Potala-Palast, Sinnbild der ganzen Rätselhaftigkeit und Erhabenheit des alten Tibet, buchstäblich wie ein Goldschatz am Ende eines perfekten Regenbogens. Das Foto hat Kultstatus.

Um diesen Moment festzuhalten, war Galen, bekannt für seine sportliche Leistungsfähigkeit, buchstäblich eine Meile gerannt und dem Regenbogen nachgejagt, was auf der Höhe von Lhasa (3700 Meter) eine beachtliche Leistung ist. Die Lichterscheinung hatte er am frühen Abend hinter dem Potala-Palast entdeckt. Keuchend fand er in der dünnen Bergluft den richtigen Winkel, in dem das Ende des Regenbogens genau über dem Palast stand. (Traurigerweise kamen Galen und seine Frau Barbara im Jahr 2002 bei einem Flugzeugabsturz ums Leben.)

Ich stand jetzt also vor dem hoch aufragenden Potala, der die Stadt beherrscht und aus dem 213 Meter hohen Hügel emporzuwachsen scheint, und hatte Galens Regenbogenbild vor Augen. Als ich versuchte, die Stelle auszumachen, von der aus er es aufgenommen hatte, wurde mir schnell klar, dass es nicht der Platz gewesen sein konnte, an dem ich mich befand, an der Vorderseite, da es unmöglich gewesen wäre, den Palast ohne die modernen Gebäude der ihn umgebenden Stadt zu fotografieren.

Also fuhren wir nach Norden zur Rückseite des Palastes, in Richtung einer Bergkette, die sich jenseits eines ausgedehnten Sumpfgebiets in mindestens einer Meile Entfernung erhob. Von dort

● **256 und 256-257** Das Dorf Benzilan liegt am Ufer des Yangtseflusses, unweit der ersten grossen Schleife, mit der er eine Biegung von fast 180 Grad beschreibt.

● **258-259** Die Route 318 schlängelt sich durch das Zentrum des Bezirks Shangri-La und durch fruchtbare Täler – Heimat vieler Minderheitengruppen, deren Lebensstil sich seit Jahrhunderten kaum verändert hat.

● **260-261** Das Kloster Sumzanling im heutigen Shangri-La (ehemals Zhongdian). James Hilton beschrieb es mit Worten, die noch heute zutreffen: »[Das Tal wurde] von der Lamaserei eher überblickt als beherrscht ... Ein herrlich gelegener Ort.«

● 262–263 Ein Handwerker poliert in der Klosterwerkstatt in Shangri-La die Nase eines riesigen Buddhas aus Kupfer.

● 264-265 Frauen der Volksgruppe der Yi – bekannt für ihre unverkennbaren bunten Trachten – bereiten bei Shanxi im Bezirk Shangri-La ein Mahl zu. Sie gehören zu den 40 Minderheiten, deren Kulturen von ihrer früheren Verbindung mit der Tee-Pferde-Strasse geprägt sind.

● **266-267** Pilger aller Altersstufen führen in den Rauch brennender Wachholderzweige gehüllt die *Kora* durch, die rituelle Umrundung des Barkhor in Lhasa.

● **268-269** Der Blick auf den Potala-Palast von Lhasa Stadt mit Telefonleitungen, Strassenlaternen und Verkehr lässt den einstigen Sitz des Dalai Lama zu einem Teil des modernen chinesischen Lebens werden.

北京中路
BEIJINGZHONG ROAD
藏医院路
ZANGYIYUAN ROAD

金银加工店
金银加工
6213046
BAR
青年旅

Die Autoren

Michael Yamashita arbeitet seit über 30 Jahren für *National Geographic* und kann damit seinen Leidenschaften, dem Fotografieren und Reisen, frönen. Nachdem er an der Wesleyan University seinen Studienabschluss in Asienwissenschaften absolviert hatte, verbrachte er sieben Jahre in Asien, dem Gebiet, auf das er sich spezialisiert hat. Als er fließend Japanisch sprechend in die USA zurückkehrte, begann er, Fotoaufnahmen für *National Geographic* und viele andere amerikanische und internationale Kunden zu machen.

Yamashita ist für seine hervorragenden Reportagen auf den Spuren berühmter Reisender wie Marco Polo, dem japanischen Dichter Basho und dem chinesischen Forscher Zheng He bekannt.

Sein Dokumentarfilm *The Ghost Fleet*, inspiriert von seiner Reportage für *National Geographic* über den legendären chinesischen Admiral Zheng He, der im 15. Jahrhundert lebte, gewann beim Unabhängigen Internationalen Filmfestival von New York den Preis für den besten historischen Dokumentarfilm. Seine Dokumentation *Marco Polo: The China Mystery Revealed* für den *National Geographic*-Kanal, die auf seiner dreiteiligen Reportage für *National Geographic* basierte, wurde mit zwei asiatischen Fernseh- und Filmpreisen ausgezeichnet und auf die Liste der 20 beliebtesten Dokumentarfilme des Jahrzehnts, die auf dem *National Geographic*-Kanal liefen, gesetzt.

Yamashita, der häufig als Festredner in Firmen auftritt sowie Vorträge in Schulen hält und weltweit Workshops leitet, wurde für *Bilder des Jahres* mit zahlreichen Industrieauszeichnungen geehrt, darunter von Photo District News, vom New York Art Directors Club und von der Asian-American Journalists Association. Seine Fotografien wurden in Asien ausgestellt – in Tokio, Peking, Seoul, Hongkong, Mumbai, Taipeh und Singapur –, aber auch in Rom, Venedig, Frankfurt und Perpignan sowie in Galerien der USA. Seine Arbeiten sind weiterhin in der National Gallery in Washington, DC, zu bewundern.

Außerdem hat Yamashita neben diesem acht Bücher herausgegeben: *Die chinesische Mauer: Geschichte und Gegenwart eines Weltwunders; New York im Flug; Zheng He: Die Drachenflotte des Admirals; Marco Polo. Eine wundersame Reise; Japan – The Soul of a Nation; Mekong – A Journey on the Mother of Waters; In the Japanese Garden; A Pictorial Tribute to the U.S. Merchant Marine Academy and Lakes, Peaks and Prairies: Discovering the U.S Canadian Border.*

Wenn Michael Yamashita nicht auf Reisen ist, lebt er mit seiner Familie im ländlichen New Jersey, wo er ein Studio unterhält und sich für die Freiwillige Feuerwehr engagiert.

Elizabeth Bibb ist Autorin und Lektorin, die sowohl für Zeitschriften- als auch Buchverlage arbeitet. Ihre Beiträge erscheinen vielfach in amerikanischen Zeitschriften und Zeitungen, darunter in der *Cosmopolitan*, in *Seventeen*, *YM*, New York, der *Los Angeles Times* und dem *Dallas Times Herald*.

Elizabeth Bibb hat drei Bücher herausgebracht: *In the Japanese Garden*, *Womb for Rent* sowie *New York im Flug*, und hält in New York Workshops für Schauspiel- und Drehbuchautoren ab. Sie ist Gründungsmitglied der New Jersey Screenwriters Group und hat als Dramaturgin im T. Schreiber Studio in New York gearbeitet. Ihre Theaterstücke *Double Dutch* und *Rebecca and Daniel* wurden dort als szenische Lesungen aufgeführt.

Bibb hat einen Masterabschluss an der Graduate School of Journalism der Columbia University abgelegt und arbeitet häufig an Reisebüchern und Artikeln mit ihrem Mann, dem *National Geographic*-Fotografen Michael Yamashita, zusammen.

Bibliografie

Asiapac Editorial. *Origins of Chinese Tea and Wine*. Singapore: Asiapac Book, 2006.

Booz, R. Patrick. *Yunnan*. Chicago: Passport Books, 1997.

Bowers Museum of Cultural Art. *Tibet: Treasures From the Roof of the World*. Santa Ana, CA: Bowers Museum of Cultural Art, 2003.

Chan, Victor. *Tibet Handbook A pilgrimage guide*. Chico, California: Moon Publications, 1994.

Dorje, Gyurme. *Tibet*. Bath: Footprint, 2004.

Edwards, Mike. »Our Man in China: Joseph Rock.« *National Geographic*, Januar 1997: 62–81.

Fuchs, Jeff. *The Ancient Tea Horse Road*. Toronto: Penquin Group, 2008.

Harper, Damian, u. a. *China*. Oakland: Lonely Planet, 2005.

Harper, Damian, u. a. *China's Southwest*. Oakland: Lonely Planet, 2007.

Heiss, Mary Lou und Heiss, Robert J. *The Story of Tea: A Cultural History and Drinking Guide*. Berkeley, CA: Ten Speed Press, 2007.

Hilton, James. *Der verlorene Horizont*, Fischer Taschenbuch, 1992, und Piper Taschenbuch, 2003.

Hoagland, Ed. »Mystic Waters: Jiuzhaigou.« *National Geographic*, März 2009: 82–97.

Jenkins, Mark. »The Forgotten Road.« *National Geographic*, Mai 2010: 94–119.

Macfarlane, Alan und Macfarlane, Iris. *Green Gold: The Empire of Tea*. London: Ebury Press/Random House, 2004.

Man, Wong How. *From Manchuria To Tibet*. W. W.Norton & Company, 1998.

Moxham, Roy. *Tea: Addiction, Exploitation and Empire*. London: Robinson, 2004.

Nangsa, Lainchung. *Ancient Sichuan-Tibet Tea-Horse Road*. Beijing: Foreign Languages Press, 2007.

Nomachi, Kazuyoshi. *A Photographer's Pilgrimage: 30 years of great reportage*. Vercelli: White Star Publishers, 2005.

Ricard, Matthieu; Follmi, Olivia und Daniel. *Buddhist Himalayas*. New York City, NY: Harry N.Abrams Inc., 2002.

Yun, Sian Yan. *Searching for The Ancient Tea Horse Road*. Taipei: Shu-Jen Chang, 2008.

Danksagungen:

Ich möchte meinem Verlag White Star für diese vierte Zusammenarbeit danken. Ein Dank geht an Marcello Bertinetti, Valeria Manferto de Fabianis, Laura Accomazzo, Francesca Piscitello und Paola Piacco.

Danken möchte ich auch meinen Kollegen beim National Geographic Magazin, die mich über einen Zeitraum von 15 Jahren immer wieder nach Tibet geschickt haben für die Reportagen über Joseph Rock, Marco Polo, den Jiuzhaigou Nationalpark und den Chamagudao: Tee-Pferde-Straße und Yartsa Gunbu. Ein Dank gilt den Lektoren Bill Allen und Chris Johns, dem Artdirector Bill Marr; den Leitern der Fotoabteilung: Kent Kobersteen, David Griffin und Kurt Muchler. Den Bildredakteurinnen Susan Welchman, Elizabeth Krist und Sarah Leen. Den Textern Mike Edwards, Mark Jenkins, Mike Finkel und Ted Hoagland.

Ein Dank geht auch an meine Kamerasponsoren Hatanosan und Synthia Lau von Sony China. An meine Reisebegleiter und Informationsquellen: Dick Grace, Scott Harrison, Patrick Dowdey und Paddy Booz, Alan und Han Han Yamashita, Ben Lo, Victor Cha, Matthew Hu, Jia Liming, Yungshih Lee, Kazuyoshi Nomachi, Lin Jia Shiui (Jiuzhaigou Park), Chen Shugian (Teeverband Yaan), Eufung Hwang und How Man Wong (CERS). Dank gebührt weiterhin Michael Schatzkin und George Steinmetz für ihre Ratschläge. Ich danke meinen Mittelsmännern Fu Qing und Michael Deng und meinen Fahrern Huka und He; meinen Freunden und Führern durch Tibet: Baima Dorji (Songstam Lodges), Nyima Wandul, Penkyla vom Kloster Shechen und Tashi von Yabshi Phankhang und Yang Kyi Tsering.
Danken möchte ich auch meiner Frau, der Autorin Elizabeth Bibb, die die historische Einleitung und die Überschriften verfasst hat und die mein Leben bestimmt, sowie Julie Qualmann, die seit 16 Jahren meine Büroleiterin ist und mir half, alles zusammenzufügen.

Und zu guter Letzt danke ich allen Menschen auf meinen Bildern, die es nicht abgelehnt haben, fotografiert zu werden und sich Zeit nahmen, mich über tibetische Besonderheiten aufzuklären. Die Tibeter gestatteten mir mit breitem Lächeln und einem tashi delay, in ihre Häuser, Zelte und Klöster einzutreten, mit ihnen zu essen und Einblick in ihr Leben zu nehmen. Herzlichen Dank – ohne euch hätte dieses Buch nicht entstehen können.

Die Originalausgabe erscheint 2012 bei WS Edizioni White Star®, Vercelli, Italien

Alle Fotografien © Michael Yamashita
Texte: Elizabeth Bibb
Übersetzung: Theresia Übelhör, Heidelberg
Redaktion und Satz: VerlagsService Dr. Helmut Neuberger & Karl Schaumann GmbH, Kirchheim-Heimstetten
Umschlaggestaltung: coverdesign uhlig, Augsburg
Layoutdesign: Paola Piacco
Produktmanagement: Dorothea Teubner

Die deutsche Nationalbibliothek verzeichnet diese Publikation in der Deutschen Nationalbibliografie; detaillierte bibliografische Daten sind im Internet unter http://dnb.ddb.de abrufbar.

ISBN 978-3-89405-967-5